もう一度、ノムさんに騙されてみたい

元巨人キラー
川崎憲次郎
Kenjiro Kawasaki

青志社

もう一度、ノムさんに騙されてみたい

川崎憲次郎

青志社

装丁デザイン　岩瀬聡

まえがき――野村さんの遺言

２０２０年2月11日。祝日でもあったこの日の午前中、「野村克也さん死去」の文字が、ニュース速報としてテレビ画面に流れた瞬間、衝撃が走りました。

僕が、最後に野村さんとお話しをしたのは、２０１９年12月13日、都内のホテルで開催された、「野村監督を囲む会」の席上でした。野村さんが監督を務め、四度のセ・リーグ制覇、三度の日本一を達成した、１９９０年代のヤクルトナインがこの日、集合しました。

実は、その5カ月ほど前になる２０１９年7月11日、神宮球場で行われたヤクルト球団設立50周年記念試合「Swallows DREAM GAME」でも、僕は野村さんとお会いしているのですが、この時は長く会話をすることはできませんでした。

この試合、当初には予定になかった、野村さんの代打出場が急遽決まりました。古田敦也さん、真中満さん、そして僕が後ろから支えながら打席に立った野村さんでしたが、いざピッチャーがボールを投げると、スラッガーの本能が蘇ったのか、まさかのスイングをかけてきました。驚いたのは、後ろで支えていた僕ら3人ですが、野村さんは「してやったり」の笑みを浮かべながら、上機嫌でベンチに戻っていったのです。

暮れの12月の「囲む会」には、僕のほか、伊藤智仁さん、加藤博人さんら十数人ほどの参加者が集いました。

話題の中心は、当時の思い出話。僕が「野村監督には、一度も褒められたことがなかったです」と言うと、「そうだったかなぁ?」と、悪戯っぽく返してきました。

食欲は旺盛で、終始ニコニコしながら、選手たちが口々に語る野村さんとのエピソードを聞いていました。野村さんから色紙を頂いたのですが、そこには毛筆の力強い文字で、

「野球に学び野球を楽しむ」

と記されていました。

今となってみれば、この言葉はまさに遺言となったのです。

元気なお姿を拝見してから、わずか2カ月足らずで訃報を聞くことになり、僕自身、心の整理がついていない部分もあったのですが、ヤクルト時代、連夜の様に開かれていたミーテ

イングにおいて、野村さんがホワイトボードに書き込んでいた数多くの言葉をメモした、当時のノートをもう一度読み返してみることにしました。

改めて、野村さんの言葉に触れてみると、当時Ｂクラスが当たり前だった、弱小球団であったヤクルトスワローズを、わずか数年で常勝チームに変身させた理由が、よく分かる気がします。

野村さんが、僕ら選手に強く求めたのは、まず「考える力」を養うことでした。打球を遠くへ飛ばす、速い球を投げる、塁間をアッという間に駆け抜けるといった「野球における目に見える力」がライバル球団の選手より劣っていた僕らが、ペナントレースを勝ち抜くためには、「目には見えない、考える力」を磨くしかなかったのです。

「考える力」がついてくれば、ゲーム中に自分が果たすべき役割も、自然と理解できるようになってきます。自分が最高のパフォーマンスを示すための「準備」が常にできていること。代打、代走要員、ワンポイントリリーフといった役割が主となる選手でも、そういった「準備」が整っていたからこそ、ヤクルトは常勝チームに生まれ変われたのだと思います。

今回、本書のタイトルを『もう一度、ノムさんに騙（だま）されてみたい』としたのは、半ば（なか）騙されたと思って、ノートに書き留めた野村さんの言葉を実践した結果、最多勝のタイトルも取れた僕自身、そして格段に強くなったチームのことを、再び多くの人々に知ってもらいたい、という気持ちを込めたからです。

「変化を恐れない」、「プロセスを大切にする」、「常に準備を怠らない」、「自分のためでなく、人のために一生懸命に努力する」といったことを骨子とする、野村さんの考え方を示した野村ノートは、プロ野球だけでなく、この社会のあらゆる仕事、もっと大きくいえば人生にも、素晴らしい循環をもたらす哲学書でもあると、確信しています。

2020年3月　　川崎憲次郎

もう一度、ノムさんに騙されてみたい　目次

野村克也さんが遺した心を鍛える53の習慣

第一章　考える力……15

第二章 変化する力……53

第三章 準備する力

第四章　継続する力……139

第五章 人を遺す力……173

第一章　考える力

1「結果を出すために意識として持たなくてはいけないことがある」

年号が昭和から平成に変わった年の1989年（平成元年）に高校出の新人選手として僕はプロ野球の世界に身を投じました。その前の年は、大分県の津久見高校で投手として春夏連続の甲子園出場を果たしていました。そして、ドラフト1位指名を受けてヤクルトスワローズに入団しました。

僕も、ある程度スピードには自信を持ってましたから、プロの世界でも若さに任せてバリバリ投げまくっていけば何とかなるだろうと、立ち向かっていく決心でスタートしました。当時の監督は関根潤三さんで、幸い1年目から起用していただき、結果としては23試合に登板して4勝を挙げることができました。しかし、その年のオフに関根監督は3年の契約が終了。ヤクルトには新たに野村克也監督が就任することになりました。

これで、初めて野村監督の下で野球をしていくことになります。

野村監督の考えはこうでした。

「投球の原点は外角低め。そこへのコントロールさえあればプロの投手として生きていける。それが原点能力。それに加えて打者が嫌がる球種、あるいは打者が意識しておかなくてはならない球種を一つ持っていれば、それが最大の武器になる」

と言うのです。当時の流行は縦の変化球であるフォークボールでした。

フォークボールをマスターすべく、その練習にも取りかかりました。

こうして、さまざまな場面で、投手であれば「1球1球、どんな意図で投げているのか」、打者であれば「どんな球をどんな意識で待っているのか」ということを常に確認させられました。その考え方を徹底して叩き込んでいくのが野村野球です。

ある意味、高校出たての野球選手にとっては衝撃で、ミーティングはとにかく長く、敗戦となった試合では配球をめぐって1時間以上も話を聞かされた（というよりも、叱られた）ということも何度かありました。

「騙されたと思っていっちょうやってみるか」

そうして練習で言われたことを繰り返し、試していったのです。それによって、野村監督の野球に対する考え方が自然のうちに刷り込まれていくことになりました。

野村監督のミーティングですが、自身の持ち込んだノートを見ながら、とにかくホワイトボードにどんどん言葉を書いていきます。書き写していくことで、頭の中に刷り込まれていくというのは、勉強の原則でもあります。しかし、プロ野球選手になって、「今更何でこんなことを……」という思いがなかったかというと、嘘になります。

それは、まるで学校の授業のようでした。

正直プロ野球選手なのですから、グラウンドで結果を出せばそれでいいのだろうという意識でいました。しかし、ホワイトボードの板書を毎回書き写していくうちに、いつしか考え方は変わっていきました。

「結果を出すためにやらなくてはいけないこと、結果を出すための意識として持たなくてはいけないことがある」

その野村監督の教えを反復し、ノートに書いているのだという意識になっていきました。

まさに、それが「野村ノート」と言われるものの原点なのです。野球選手として、勝負師として、勝利者になっていくための鉄則なのです。そのための意識確認を、野村監督は僕らに行っているということが、ようやく分かりました。

そして、後にマスコミが報じていた「ＩＤ野球」を理解していくことになるのです。

「Ｉｍｐｏｒｔａｎｔ　Ｄａｔａ（情報を重視）野球」こそ、プロ野球として勝つために導入していかなくてはいけないことなのだということが理解できるようになっていったのです。

そうして、得た情報をいかに試合の中で有効に生かしていくのか。それを、いろいろなケースを考えてシミュレーションしていく。それこそがＩＤ野球だったのです。

特に、プロ野球選手は筆記作業なんか慣れていません。だからこそ、ペンを持って書き記していくことによって、一つひとつの「ノムラの考え」を確認していくことになるのです。

何かあれば、そのノートを読み返していく。

「ノムラの考え」が無意識に刷り込まれていくということになりました。

選手個々が、野村監督の言葉も聞きながらホワイトボードを書き写していくものですから、ポジションや年齢、役割によってそれぞれが重きを置いたところが違っているかもしれません。それもまた、各自の「野村ノート」の特徴です。

それも野村監督の意図することだったのではないでしょうか。

こうして、野村ヤクルトの選手たちは、野球の技術の前にまず、野球のための脳みそを徹底して鍛えられていったのでした。

まさに、意識革命と言ってもいい、新たなイノベーションだったのです。

2 「人生観、仕事観、幸福感、とつながり野球観が出来上がる」

1990年春季キャンプ。

選手、コーチスタッフが集められた最初のミーティングで、ヤクルトスワローズの新監督に就任した野村監督が、いきなりホワイトボードに書き記したのが次の「人生観」、「仕事観」、「幸福感」とつながり「野球観」が出来上がるという言葉でした。

当時、僕は入団2年目、19歳になったばかりでした。プロ野球選手としての経験も浅かったため、分からないこともたくさんあったのですが、前任の関根潤三監督の時代に行われていたミーティングとは、まったく雰囲気が違うものであることは、会場となるホテルの大広間に足を踏み入れた時から、強く感じていました。

会場にはテーブルと椅子が並べられ、座った視線の先には、ホワイトボードと机が置かれていました。それは、まるで教室のようでもあり、僕は新入生になった気持ちで、テーブルの上にノートと筆記用具を置きました。

前年のキャンプにおけるミーティングは、翌日の練習内容とタイムスケジュール、また昼食は何時からといった、事務的な連絡事項が主でした。もちろん、サインプレーの説明や確認といった、野球に関することのミーティングは、それなりの時間を費やして行われますが、トレードでヤクルトにやって来た先輩選手に聞いてみたところ、どの球団でも、ミーティングは事務的な連絡か、サインプレーなどチームとしての決まり事を確認する作業が行われる場だったそうです。

まるで学校の教師のように束になった数冊のノートを小脇に抱えて会場に入ってきた野村監督は、机の上にノートを置くと、「人生観」、「仕事観」、「幸福感」、「野球観」といった言葉をホワイトボードに書き出します。僕はホワイトボードの言葉をノートに書き写しながら、チラっと机に置かれた野村監督のノートを見たのですが、そこにはビッシリと付箋（ふせん）が貼られていたことが、今でも印象に残っています。

「プロ野球選手である前に、まず、人として……」

野村監督はそう切り出すと、野球とは直接関係のない話を始めました。若かった僕は、「こういうミーティングをする監督さんもいるのだな」というぐらいに考えていたのですが、おそらく、長年プロ野球選手としてメシを食べてきたベテラン、中堅の選手たちは、「カルチャーショック」とも呼べるような、大きな衝撃を受けていたのではないでしょうか。

ある意味、白紙に近い状態でミーティングに臨んでいた僕は、野村監督の話の面白さに、すぐに引き込まれていきました。

もちろん、ヤクルトの監督に就任する前は、野球中継の名解説者として知られていた野村監督ですから、話が上手なのは当たり前なのですが、野球以外の話は、僕にとっては新鮮であり、とても興味深いことに思えました。

当時、僕は、すぐに理解できたわけではなかったのですが、その後プロ野球選手としての経験を積むにつれ、野村監督が言った、

「『人生観』、『仕事観』をしっかりと持つことが、『幸福感』につながっていき、そこから自分なりの『野球観』が出来上がっていくことが実感できる」

と理解していったのです。

もう一つ、野村監督は、この最初のミーティングで、「選手生命は長くとも15年から20年、

大半は〝第二の人生〟と認識すること」とも言っていました。また、プロ野球選手を辞めて、次の仕事に就いたとしても、「幸福感」を得るために、「確固とした『人生観』、『仕事観』を持つことが大切だ」と、人生に必要な考え方を、野村監督は、僕たち選手に伝えたかったのだと思います。

3「各自が価値観を高めていく。そのための自問自答をして見定めること」

プロ野球チームの春季キャンプといえば、身体を限界近くまでイジメ抜く、まさに練習漬けの日々というイメージを抱いている野球ファンは多いのではないでしょうか。

実際、マスコミが報じる各球団のキャンプ内容は「○○選手が、△△コーチの厳しいノックを受けながら、1時間以上の特守に挑戦した」とか「××投手が実戦さながらの変化球も交えながら、250球もの投げ込みを敢行した」といった、選手たちが取り組んだ猛練習の様子が、大きく取り上げられたりします。

また、グラウンドの近くに所在する神社などの急な階段を、息を切らしながら何度も何度も駆け上がった末に、最後は大の字になってダウンしてしまうスター選手の映像といったものは、キャンプ報道の定番中の定番といえるでしょう。

もちろん、打ったり、投げたり、守ったり、走ったりといった、野球選手が必ず取り組まなければならない練習は、野村新監督が就任した1990年のヤクルト春季キャンプでも、しっかりと行なわれていました。

それに加えて、1時間以上にも及ぶ長時間のミーティングが、連夜のように開催されていました。

「野球を通じて、人間としての心身を鍛錬していく」

キャンプ入り直後のミーティングで、野村監督は、こんな言葉をホワイトボードに書き込みました。

それまでの野球界の感覚としては、「猛練習で身体を鍛え上げていけば、それに連れて根性もついていき、精神的にも強くなる」という、いわゆる「根性野球」の考え方が主流だったと思いますが、野村監督が言う「心を鍛える」とは、根性云々ではなく、「考える習慣」を身に付けることでした。

後日、野村監督は、「当時のヤクルトの選手たちは、巨人など強豪チームの選手に比べて、打力、走力、投手の球威といった『目に見える力』が劣っていた。それを補うためにも、『目に見えない力』を身に付けさせた」と語っていましたが、そのための手段が、連夜行われた長時間のミーティングだったそうです。

　僕自身も、ホワイトボードにビッシリと書き込まれた野村監督の言葉をノートに書き写しながら、一生懸命に頭を働かせていました。ノートを取りながら、人の話を聞いていると、集中力が増して、話していることの内容が、頭に入ってきやすくなるそうです。

　これは余談ですが、阪神の監督時代は自分の考えをプリントにして選手たちに手渡していたそうですが、ノートを書かせなかったために、選手たちが集中して話を聞くことができず、考える習慣も、期待していたようには身に付かなかったそうです。

　僕は、自分で書き洩らした部分を、あとでほかの選手に聞いて、改めてノートに書き写すこともしていました。

「考える」ということは、自問自答を繰り返すことでもあります。自分の内面と向き合うことで、高いレベルでの価値観も徐々に身についてくる。

　そして僕らに口をすっぱくして、

「各自が価値観を高めていくんだ。そのための自問自答をして見定めるんだ」

と、教え込んだのです。

それによって一見、野球をプレーすることとは直接関係ないように思えますが、「目に見えない力」がチームの勝利に結び付いた試合も、間違いなく存在したのです。

4「戦いは理を以て戦うことを原則とする」

野村監督の就任の前年、ヤクルトはBクラスの4位でした。9年連続してBクラスに低迷しているチームでした。

あえて、低迷するチームの指揮官を引き受けたのです。しかし、引き受けた以上は成果を上げなくてはいけません。また、引き受けた野村監督としては十分に勝算があってのことだったのではないでしょうか。

「野球は状況判断と応用力からなる」

そんなこともよく口にしていました。そしてさらにこうも言っていました。

「応用は定理と原則で解く」

すべてのことには根拠があって、その根拠は必ず裏付けがあるということ。だから、根拠のないことを行ってはならないのです。根拠のないことをするから失敗するのです。

では根拠はどのように見出すのでしょう。

それは、すべてのことにある定理に裏付けされています。定理というのは、「真理と認められた理論。公理や定義によって証明される一定の理論」ということです。野球で言えば「点を取られなければ負けることはない」ということにもなります。

これは、野村監督がこだわったことの一つでもありました。点をやらないためには、投手がしっかりと投げていかなければならない。

「野球は投手や。投手がゼロに押さえれば、負けることはない」

当然といえば、当然のことです。

しかし、そうした当たり前のことを改めて意識し、認識していくことで、その考え方が定着していきます。そうした上で改めて諭（さと）されることで、意識は確固たるものとなっていくのです。

「野球で一番いいのは、オーソドックスに戦って勝つことよ。奇襲っていうのは、あくまで奇襲でしかない。だから、弱いチームほど先手を取って、戦いを優位に進めていかなくてはいかんのや。戦いは理を以(もっ)て戦うことを原則とする」

これは、最初の年のミーティングでは、何度も何度も聞かされていたフレーズの一つでもありました。そして、

「お前たちは、ずっとBクラスに低迷してきたような弱いチームなんだ。だからといって、トリッキーなことをやっていくのではない。それだからこそ、オーソドックスな戦い方を身に着けていかなくてはいけないのだ。まずは、スタンダードに戦っていける形を作っていかなくてはいけないのだ」

と教えてくれていたのです。

その一方で、マスコミ相手には、「野村ヤクルトは、何かやってくるぞ」ということを思わせるようなコメントを発していました。

「今年は、去年のBクラスのチームが頑張ると、ペナントレースも面白くなるんじゃないの。そうじゃないと、セ・リーグが面白くならん」

こういったことをメディアに伝えていました。これもまた、野村監督の理にかなった作戦の一つだったのかもしれません。セ・リーグの場合は当時、まだ人気でもパ・リーグをリー

ドしていましたので、メディアに向けての発言が、より深い意味があるということも意識していたのでしょう。

5「人生を支配しているのは自分自身である。その事実をよく認識すること。したがって、人生は選択が問題になる」

僕ら選手の感覚としては、まさに春季キャンプは「ミーティング漬け」でした。これまでも書いてきたように、キャンプ前半のミーティングは「人生観」、「仕事観、野球観」、「価値観」といった、人生そのものに直結する話が多かったのですが、徐々に、野球に関する話が中心になってきました。

その内容は、それまでのキャンプにおけるミーティングで行なわれていたサインプレーの確認やチームの約束事の徹底といったこととは、一味違うものでした。まるで学問を教えるように語られる、野村監督が培ってきた野球理論。

プロ入り2年目の僕は、野村監督の口から出る言葉に、目から鱗が落ちるような感覚を、何度も味わったのです。僕はそれをノートに写し、野村ノートとしてすべてにおいての生き方のテキストにしたのです。

プロセスを重視せよ!!

（準備）＝精神面の充実、肉体的コンディションを整える

頭の中の整理（判断、決断）

キャンプの目的

①試す

②覚える

③鍛える

（野村ノートより）

例えば、野球をプレーするうえでは、常に表示される「ボールカウント」に対する考え方。ボールカウントには、初球にあたる「0ボール0ストライク」からフルカウントとなる「3ボール2ストライク」まで、計12通りが存在しますが、そのカウント別に、打者の気持ち、投手と捕手を含めたバッテリーの感覚、内外野の守備に就くプレーヤーが気を付けなければ

ならないことなどを、野村監督は、理論的かつ、とても分かりやすく教えてくれました。
それまでの僕は、ボールカウントを字面（じづら）通りに捉えて、1ボール2ストライクならピッチャーに主導権があるなとか、2ボールという状況で、どうしてもストライクを取りたいという場面では、バッターに打たれそうな気がするなとか、ボンヤリとした感覚を持っていただけでした。

ところが、野村監督の理論的な説明によって、どのボールカウントであれば打者有利なのか、こういうカウントは投手有利なのだなとか、ランナーのあるなしやアウトカウントで、有利、不利も変わってくるのだなといったことが、明確に理解できるようになったのです。

より実感できたのは、単に野球理論を教えるというのではなく、選手一人ひとりが自分の頭で考え、そのうえでプレーを選択していくようになるための、基礎的な理論を植え付けることが、ミーティングの真の目的だったのだということに気がついたのです。

これは野手の人たちが言っていた話です。たとえば、1アウトで走者が三塁、ここはとにかく1点が欲しいという場面だったら、野村監督からのサインが出ていなくても、三塁ランナーをホームに返すことを強く意識し、右方向にゴロを転がすバッティングをしたら、たとえ功を奏さなくとも、野村監督は怒ることはなかったそうです。チームのこと、勝つために何ができるのかを考えた行動だからです。

僕にも、こんな経験があります。ある試合で、試合前のミーティングで警戒しろと言われた打者に、甘いコースに投げて、痛打を食らってしまったのです。後日、僕は個人的に野村監督に呼ばれて、1時間近くも説教されました。実は、野村監督に呼び出された直後に、僕がした言い訳は「様子を見るためにも、アウトコースの際どいところに投げるつもりだったのですが、コントロールミスで甘く入ってしまいました」というものでした。もちろん、野村監督は、真相を見通していました。

「お前、本当は深く考えずに、とりあえずボールでもいいやくらいの気持ちで投げたんやろ。そういうことだから、やってはいけない失投をするんや」

まさに図星です。単なる勝ち負けや、打った抑えたという結果ではなく、考えることをおろそかにしてのミスや言い訳を、野村監督はもっとも嫌ったのです。

そうしたことを踏まえて野村監督は僕らにこう教えたのです。

「人生を支配しているのは自分自身である。その事実をよく認識すること。したがって、人生は選択が問題になる」

6「人の値打ちは失敗するかしないかではなく、失敗から立ち上がれるかどうかで決まる」

野村監督といえば、長時間のミーティングが有名でも知られています。ヤクルトスワローズの指揮官に就任された最初の年（１９９０年）、キャンプ中のミーティングが長時間になることはメディアを介して予告しており、当然、僕たちヤクルトナインもそのことは聞かされていました。

ミーティングでの野村監督ですが、僕たちに背を向けるようにしてホワイトボードの前に立ち、何かを書き始めました。

人生観、仕事観、社会観、幸福観と野球観との関連

平均寿命78歳からみた野球観

選手寿命15～20年　大半は第二の人生であることを認識すること

・野球の偏差値を上げることは頭脳を鍛えることに通じる

精神活動と肉体活動とのバランスがとれてゆき「頭のよさ」と「スポーツ」が両立する

・「野球が大好きだ」の心境が「仕事と遊び」を一つにまとめ、生活していけるようになる。

野球を通して人間としての心身を鍛練していく

そして、各自が価値観を高めていく。そのための自問自答を見定めること

［上達法の原則］

1 自己否定の境地から自己改善に入り、自己修正の順を繰り返す

2 上達は疑問の積み重ね

3 弱点の克服　苦手意識をつくるな

4 変化すること　失敗することを恐れるな　試すことが進歩につながる

5 目的がエネルギーを生む　人間は構造的に機能的に進歩するようにできている

6 イメージ法は進歩を早める　理想とするタイプ　一流で自分と似ているタイプの人をイメージする

7　競争意識も上達を早めるが、激化すると脳が閉じてしまう
8　単純作業の持続になるから、必要性を常に意識して積極的な意思を発揮すること
やる気が起きなくなったらおしまいだ

（野村ノートより）


野村監督は一気にホワイトボードに書き記していきます。そのスピードについていくのが、大変でした。野村監督はすぐにホワイトボードを消してしまうので、ノートに書き写すだけで精一杯でした。大袈裟な話ではなく、ヒジが痛くなるくらいの文字量でした。

「野球以外でヒジが痛くなるのは、初めてだよ」

そんな冗談がチーム内でも囁(ささや)かれるようになりました。

こうした全体ミーティングも学ぶこともたくさんありましたが、個別に呼び出され、お説教をされたこともありました。繰り返しになりますが、ピッチャーとバッターの対戦において、ストライク、ボールのカウントがあります。「0ボール0ストライク」から「3ボール2ストライク」まで12種類があり、野村監督は「どのカウントがバッター有利で、ピッチャー有利なカウントはどれか」という話を、繰り返し、繰り返し僕たちに説明されました。

ストライクが先行している0ボール1ストライク、0ボール2ストライク、1ボール2ス

トライクはピッチャー有利です。２ストライクまでくれば、バッターは三振してはいけないと、ストライクか、ボールの判定が際どいコースにも手を出してきます。ボールカウントが先行しているカウントは、ピッチャーが四球を出したくないので、ストライクが欲しいあまり、甘いコースに投球が集まりがちです。したがって、バッター有利です。野村監督は「外国人選手は積極的だ」と言って、初球は要注意と位置づけていました。

なぜ、このカウントがピッチャー有利でこっちのカウントがバッター有利なのか、一つひとつを分かりやすく、理由付けしてくれました。なんとなく、「バッター有利、ピッチャー有利のカウント」があることは分かっていましたが、その理由を教えられ、「目からうろこが落ちる」の心境でした。

そんなバッター有利、ピッチャー有利の基本的な知識を教えられた後に取り組んだのが、個別対策です。相手チームの主力バッターに打たれないためにはどうすればいいのか、野村監督はスコアラーに集めさせたデータを収集し、それを基に「このコースに投げてはいけない」などの対策を講じ、僕たちに伝えました。それが、野村ヤクルトを常勝チームに導いたＩＤ野球です。

だからといって、全てうまくいったわけではありません。僕の失敗で敗戦を喫した試合もいくつもありました。そういう時、野村監督は個別に呼び出し、失敗を失敗のままで終わらせないための〝居残り授業〟が待ってました。

「お前、何であんなところに投げたんや？」

「(試合前の）ミーティングであのバッターはこのコースに弱いことは教えられていましたが、自分の力不足、練習不足であああいうボールを投げてしまいました」

失敗ということに関しては怒りません。1球のミス、大事なところでのミスがなぜ起きてしまったのかを認識させるため、質問攻めにします。そんなふうに叱られているうちに分かったことは、野村監督は「なんとなく……」というやり方、何も考えずに行ったプレーをもっとも嫌うということです。

「だったら、何で打たれたんや？」

何も考えずに投じた失投だったことを見破られた時は、そんなふうに問い詰めてきました。理由があれば怒りません。単なる「コントロールミス」であった場合、

「自分が未熟なだけです……」

と、言うしかありませんでした。しかし、それでは野村監督は許してくれません。

「だったら、お前は未熟でなくなるためにどういう工夫や練習をやっとるんや？」

1時間以上も叱られたことは一度や二度ではありません。おかげでその日の練習がなくなったなんてことも多々ありました。そしてこう僕らに教えたのです。

「未熟ならば考えろ。これからどういう練習をやっていけばいいのか。人の値打ちは失敗するかしないかではなく、失敗から立ち上がれるかどうかで決まるんだ」

試合でこうしたミスを犯した場合、野村監督は必ず、後日、個別に呼び出します。その時に備えて、自分なりにその理由、原因を常に考えるようになりました。

なぜ、失敗してしまったのか。失敗を失敗で終わらせたら、成長はありません。失敗しないためにはどうすればいいのか、次に成功するには、自分の未熟な部分、弱点を克服しなければなりません。そのためにはどうすればいいのか。叱られ続け、「考える癖」もおのずとついていきました。失敗から学ぶ大切さを教えられました。

7「野球の偏差値を上げることは、頭脳を鍛えることに通じる」

野村ノートには、「偏差値」という言葉がたびたび出てきます。学生時代から野球に明け暮れていた僕にとって、あまり身近なものではありませんでした。

正直に言えば、その意味も正確に理解していたわけではなかったのですが、調べてみると、あるテストを実施した時に、自分が取った点数が、どのくらいの位置にあるかを知る指標ということでした。

先の説明では、よく分からないかもしれませんが、要するに、自分の点数が平均点くらいなら、偏差値はおよそ「50」。点数が平均点より高くなるにつれて偏差値も上がり、「60」を超えていれば全体の上位約15％、「70」以上なら全体の上位約２％強という分布の中に位置することになります。

逆に、偏差値「40」なら全体の下位約15％、「30」なら全体の下位約２％と、「赤点」の心配もしなくてはならない点数となってしまいます。

「野球の偏差値を上げることは、頭脳を鍛えることに通じる」

と考える力を常に迫った野村監督。

もちろん、野球はテストのように明確な点数が出るゲームではありませんが、様々な場面で、頭を使って選択を行っていく必要には迫られます。

以前、あるインタビューで読んだのですが、現役選手時代の野村監督は、「自分は頭が悪いから、覚えたり、暗記したりすることも苦手。だから、気になることがあったら、徹底的にメモをして、何度も何度もそれを読み返した」と発言していました。野村監督の言葉は謙遜で、僕ら選手たちを前に、次から次へと含蓄の深い言葉をホワイトボードに書き込んでいく姿を見ると、とても記憶力が悪いとは思えなかったのですが……。

野村監督が選手時代に熱心にメモしたのは、打者としては、相手投手のクセやバッテリーの配球、捕手としては、相手打者の得意なコースや球種、逆に苦手としているところといったことだったそうです。バッターとしては戦後初めての三冠王、キャッチャーとしても好リードで鳴らす、球界を代表する名手であった野村監督ですが、その源となっていたのは、徹底的に書き込んだメモにあったとのことでした。

ご存知のように、ヤクルト監督時代の野村監督は、「ＩＤ野球」を提唱していました。経験や勘には頼らず、重要と思えるデータを駆使しながら、科学的に野球をプレーしていこうとしましたが、データを信じ切って、それだけを根拠にプレーを選択していけば良い、ということでは決してありません。

置かれている状況を理解し、その中でどういうプレーを選択していくべきなのか。あくまでデータは、そのための根拠の一つであり、自分で考え、決断したうえで最終的なプレーの選択をしていくことが、「野村ＩＤ野球」の基本なのです。より良い選択をするために、野球における「偏差値」をあげていく。筋肉と同じように、頭脳も鍛えなければ、進化していくことはないのです。頭脳を鍛えるためには、考えて、考えて、考え抜くことが大切だと、野村監督は選手たちに示したかったのだと思います。

連夜のように開催されていた、長時間ミーティングは眠くなった時もありましたが、僕自身は少しも飽きなかったし、ホワイトボートの言葉をノートに書き写すことに、まったく苦痛を感じませんでした。

おそらく、野村監督の話を聞きながら、ペンを走らせながら、僕は自分なりに一生懸命頭を回転させ、いろいろなことを考えていたのです。

先輩選手たちも、不満を漏らすような人はいませんでしたし、みな熱心に野村監督の話を聞いていました。もしかしたら、初期のミーティングの段階から、ヤクルトの選手たちは、考えること、頭を鍛えること、ひいては「野球偏差値」を上げることの準備が、しっかりと出来ていたのかもしれません。

8 「仕事が楽しみなら、人生は快楽だ。仕事が義務なら、人生は地獄だ」

小見出しにある野村監督のこの言葉と考えは、野球選手に限らず、職業を持つあらゆる方々に共通して言えることだと思いますが、「練習（仕事）をやらされている」のと「練習（仕事）に楽しみや喜びを見出しながら取り組んでいく」のとでは、同じことをするにしても、結果や効果はまるで違ったものとなってくるはずです。

つまり、「モチベーション」を維持しながら、仕事を進められるかどうか。

モチベーションを上げるために、例えば好きな音楽を聴いたり、可愛らしい動物の動画を見たり、香りのいいコーヒーを飲んだりして、一度気持ちをリフレッシュさせてから、改めて仕事に取り組む、という方法を実践されている方もいらっしゃるでしょう。また、「この仕事が一段落ついたら、少し休暇を取って、温泉にでも行きノンビリしよう」と、自分の中にご褒美を設定して、仕事へのモチベーションを上げていく方もいらっしゃるかもしれません。

野村監督はよく、こんなことも言っていました。

「練習というのは、部分、部分をやるもの。試合はそれをまとめ上げていくものなんや。そのためには、練習はテーマを持ってやることであって、手段ではない。練習っていうのは単純作業の持続なんだから、考えながらやらなければ持続できない」

そんな姿勢を持つことも、日々の中では大事な意識だということなのです。

［練習について］

人間は常に繰り返しを続ける動物である

（例）鍛える↓整える↓試す↓変わる↓進歩

練習とは各自が技術の向上を図りながら本能的に直感的に動けるようにするのが主目的で、その中で理解を深めていくものである

練習内容

1　テーマをもってやること。練習は手段にあらず

2　単純作業の持続だから考えながらやることで持続できる

3　練習は部分部分をやるもの。試合はそれをまとめ上げるもの

4　やらされる練習はたいして効果が上がらない

5　不調脱出のための練習はまず原因究明に全力を注げ。原因不明の時はとにかく汗を流せ。基本のチェックを部分的にやってみる

6　練習目的、技術の向上、体の強化、コンディション調整、お互いの理解を深めチームとして機能できるようにする

（野村ノートより）

だからこそ、「やらされる練習はたいして効果が上がらない」ということになります。常に、どういう意識で練習に取り組んでいるのか。それは、チームという組織としても必要な要素なのです。チームという組織作りの過程では、練習の目的、意識を同じ方向へ向けていかなくては、本当の意味での組織力は培われていないことを教えてくれていたのでした。

また中日ドラゴンズに在籍していた、現役時代の2004年正月。

原因不明の右肩痛に悩まされ、2001年以降の3年間で、1試合も登板できなかった僕は、この年から就任した落合博満監督に、「2004年の開幕投手はお前でいくから」と電話で告げられました。そこからの約3カ月間、僕は強い気持ちを抱きながら、日々の練習をこなしていくことができたのです。

もちろん、その日々の中では、肩の状態が考えていたようには上がらず、その日の練習をスケジュール通りにこなせなかったり、順調にはいかないことでストレスを感じ、強い不安や焦りを覚えたりもしましたが、やり甲斐のあるミッションを与えてくださった落合監督、練習を見守ってくださったコーチ、僕の復活のために様々なサポートをしてくださった裏方さん、そして長年に渡り応援してくださったファンのために絶対に頑張ろう、と前向きになれ、ときに折れそうになる僕の心を支えてくれました。

野村監督は、ミーティングの中で「自分一人でなんでもやってきたと思うなよ。いろいろな人に支えられ、助けてきてもらったんや。だから感謝しなさい」とおっしゃっていましたが、その言葉に、心の底から頷(うなず)くことができるようになったのは、この中日時代の貴重な経験でした。

プロ野球のピッチャーは「お山の大将」的なパーソナリティの持ち主が多く、またプライドの高さから、往々にして個人のメンツにこだわってしまいがちなのですが、いろいろな方々の支えがあって、初めて全力が出せる仕事です。

監督としてのタイプは違いますが、選手たちのモチベーションを上げる術は、お二人ともに、とても優れていらっしゃいました。

現役を退いた後、僕自身も解説者、コーチとして野球界に携わっていますが、価値ある結果を残すためにも、モチベーションを上げて、楽しく、全力で仕事に取り組んでいこうと常に心掛けてきました。同時に、共同作業で番組を作っていくスタッフ、コーチとしてアドバイスを送った選手といった仲間たちが、楽しく仕事をしていくためにも、自分自身の行動や言動には気をつけなくてはと、たえず心掛けています。

9「人真似（模倣性）をどれだけ自分のプラスアルファに付け加えられるか、が大切なんだ」

僕たちに対して、野村監督が徹底的に叩き込んだこと。それは、常に考えるということでした。とにかく、一つひとつのプレーについて考えるということ。そして、その考えることの「根拠は何か？」ということにも突き詰めていくことにもなるのです。

そうしたことを一つずつ問われても、正直、戸惑うことも多くありました。しかし、そうした問いかけに対して、何とか答えていこうとしていくうちに、最初は以前に野村監督に言われていたことを「野村ノート」から見つけ出して答えるようにしていました。

しかし、何度かそうした問答を繰り返していくうちに、自分の言葉で答えられるようになっていきます。ただ、その根底にあるのは「ノムラの考え」であることは間違いありません。それでも、自分の言葉で発言していくうちに、自分のものとしての意味がより深くなっていきます。

それこそが、

「人真似から入ってもいいから、そこに自分にプラスアルファをどれだけ付け加えていくかが、大切なんだ」

という野村監督の育成術の真髄ともいえることなのです。

そうした習慣を身につけさせることも、野村監督の人材育成の一つのテクニックでもありました。

ヤクルト時代は古田敦也選手が、阪神監督時代は矢野燿大選手、楽天監督時代は嶋基宏選手がベンチではいつも野村監督の傍にいました。

そして、野村監督は一つひとつのプレーに関して、ボソボソといろいろな言葉をつぶやきます。よく言われる、ベンチでの「ボヤキ」なのですが、実は、それはある意味では意識してのものでした。

野村監督の傍に座っていたのが、いずれも捕手ということでも分かるように、チームの要である捕手に、自分の考えや思ったことを刷り込んで学ばせようとしていたのです。それは、相手捕手のリードや配球、守備の体制や攻め方など事細かなところにまで至っていました。

古田選手は、社会人野球を経てプロ野球に入ってきたキャッチャーで、守備面で期待されていました。そして、ある時から突然打ち始めるようになります。

まさに、何かに開眼したということなのでしょう。

ベンチで野村監督の言葉を聞いていくうちに、自然に身についていった相手の配球に対しての読みが当たるようになってきたからなのではないでしょうか。

「ここでは、何を投げたら効果的なのか」

これは、守る側の捕手としての配球の考え方です。

「ここでは、投手はここへ投げたいだろうから、そこに狙いを絞っておくか」

これは、打者としての考え方です。

古田選手は、ある時から捕手目線を持って打席に入ることの意味に気が付いたのでは。それこそ、まさに野村監督が選手時代に捕手として初めて三冠王に輝いた秘策でもあったのです。相手投手がどこへ何を投げたいのか、それを一早く読んでそこに的を絞っていく手法。古田選手は、そんな野村監督の打撃術を知らず知らずのうちに模倣(もほう)していたのではないでしょうか。そして、その模倣を自分のものとしていったことで、打者古田敦也も覚醒(かくせい)したのだと思います。

人真似（模倣性）にどれだけ自分のプラスα(アルファ)を付け加えられるか（模倣性から入って独自の形をつくっていく）

・まず自分を無知であることを自覚せよ。成長・進歩はそこから始まる
・無知は知識が増すにつれて自覚が出てくる
・我　以外皆我　師なり、森羅万象　皆師なりの心境をもっていなさい
・仏教による「5つの心」を持ち人間らしく生きる
1　素直な心　2　信じる心　3　愛する心　4　謙虚な心　5　自分を厳しくする心
・実績を積んでいくと下の者または人の話に耳を傾けなくなる
いばって人生をあやまった人がいても感謝の心で過った人はいない
以上のような精神構造が前提となって成長、進歩、上達が生まれる

（野村ノートより）

模倣から入って、独自の形を作っていくというのは、技術向上に向けても、欠かせないことなのです。

よく、少年野球などでも、野球選手の物真似が上手い選手は上手になっていくと言われます。それは、やはりしっかりと観察力があって、それを自分流に合わせていくことができるからでもあります。そういうことも、実は野村監督はミーティングの中でも、さり気なくプロの選手たちにも伝えていたのです。

そして、それを自然にできる選手はやはり伸びていくのです。さらに言えば、そういう選手は間違いなく自分で、真似の上にプラスアルファを加えていきます。それは技術面だけではなく、言葉や考え方にも表れていくものなのです。

また、投手として具体的に模倣を成功させて大成したのが、２０２０年のシーズンからヤクルトの指揮官となった、野村野球の継承者の一人でもある高津臣吾投手でした。

高津投手に対して、野村監督は一つの課題を与えました。

「西武の潮崎哲也のシンカーを盗んだら、オマエは野球で飯が食える」

目の覚めるような球威があるというタイプの投手ではない高津投手でしたから、相手打者を力でねじ伏せることはなかなか難しかったのです。だけど、リリーフ投手としての素養があると感じていた野村監督は、高津投手にまずは、目指す投手の技術を盗めという課題を与えることで、成長させたのでした。

こうして、高津投手のサイドハンドから繰り出す、いくつか曲がり方の異なる独特のシンカーが誕生して、力で抑える大魔神佐々木主浩投手とは全く別のタイプのストッパーが誕生したのです。

その頃には、すっかり潮崎投手のようで、潮崎投手ではない、固有の高津臣吾投手が誕生したのです。

職人の世界でも、弟子は先輩や師匠から技術を盗むと言われています。そして、盗んだ技術に自分のプラスアルファを付け加えていくことで、その技術が自分のものになっていく。そういう技術もまた、普段から考える習慣を身に着けていてこそ、身についてくるのです。

第二章　変化する力

10 「まず、自分は無知であることを自覚せよ。成長、進歩はそこから始まる」

野村監督は、人が聞いているかいないかにかかわらず、饒舌でした。

一対一でいる時や、バッテリーを呼んで叱る時や注意を与える時は、誰に向けてしゃべっているのか分かります。

しかし、それだけではない時にも、さまざまな言葉を口にしています。キャンプでフリーバッティングを見ている時やシート打撃を見ている時。あるいは、グラウンドを歩いている時にもそうです。

これが、俗に言われるようになった、「ボヤキ節」です。ベンチにいる時もそうです。誰かに向けて言う時もありますが、相手のプレーも含めて、独り言のようにボソッと言うこともありました。

「何であの場面で、あんなことするんや」

そんなことを口に出して言います。それは、周囲の誰かに、それとなく聞かせているのです。そして、その言葉の意味を考えさせているのです。時には、「えっ？」と思うようなことをボヤくこともありました。

実は、そこが狙いなのです。

野村監督は、ボヤキの言葉を聞かせることで、気づきを与えていたのです。

「そういう考え方があるんだ」

「そんな作戦があるんだ」

そう気づかせることで、それを耳にした人を成長させていきます。

そこにはまず、「自分は知らなかった」ということを気づかせることなのです。個性の強い選手たちに「野球で、自分が知らないこともいっぱいあるのだ」ということを気づかせてくれていたのだと思います。

「自分は、人よりも劣っている。自分は人よりも無知なんだということを意識するだけでも、人の意見を聞こうとする姿勢になるやろ。本当の進歩というのは、そこから始まるんや」

そう言って、「聞く耳」を持たせていったのです。

その背景には、野村監督の野球に対する考え方の基本がありました。

「野球というのは、気力が一分、体力が一分。残りの八分は頭なんや」

それだけ、頭を使って考えることの大切さを説いていたのです。

逆に言えば、そのことに気がつかなければ、そこまでの選手でしかないということなのです。

自分が無知だということを自覚したら、次にどういう行動をとるようになるのか。それは、当然ながら、人の話を聞くということになります。自分の知らないことを教えてくれる人の話をしっかりと聞くという姿勢です。これは、野球だけに限ったことではありません。

人生を生きていく上では、さまざまなことを知っておいた方がいいに決まっています。そうした、「知ろう」という意識、つまり知的好奇心ということになるのでしょうが、その意識を持つこともまた、野村監督の下で野球を学んでいくことで身に付けていったことでした。

素直に人の話を聞く姿勢。その意識が持てるようになれば、確実に今の自分から進歩していきます。成長することができるのです。

そんな意識は、引退した今も、僕自身の中でもとても大事にしています。

「まず、自分は無知であることを自覚せよ。成長、進歩はそこから始まる」

これも、野村監督によく言われた言葉でもありました。

11「反省とは、過去に向かってやるものではなく、未来に向かってやるものなのだ」

考える習慣の大切さは、これまでも何度も述べてきました。常に次に起きることを考えて行動することの大切さは、野村ヤクルトの中でも、いつしか習慣化していきました。それは、僕たちが「ノムラの考え」を行動に反映されていった証でもありました。

野村監督の意識の中には、人は進歩していくものだという考え方があります。ただそれは、常に考える習慣を身に着けている者のみに与えられることでもあります。

「今のままの自分ではいけない。もっと進化していかなくては」

そうした意識を常に持っていられるかどうかということです。

自分を進化させていこう、自分をもっと向上させていこう。そういう意識があれば、現状のままで満足していくということはあり得ないのです。常に「向上心を持たなければいけない」とも言っておりました。

人には、必ずスランプという状態があります。調子がよくないということは、誰にでもあるものです。ただ、その時にも、「今の自分を変えていこう」という意識があれば、そのスランプの捉え方も違ってきます。

スランプ

1　未熟とスランプの勘違いをしない
2　適当に仕事をする人にスランプはない
3　スランプは欲張りであればある程生じる

（野村ノートより）

そして、何かのタイミングで、「今までの自分とは違うぞ」ということに気が付くのです。そうなれば、それは自分自身の変化です。変化するということは、何らかの形で現状打破を求めた結果です。

一歩、進化したとも言えます。ここに変化の価値があります。

だから、常に変化を求められました。

「このまま、何も変わらんでいいんか」

そういう問いかけをされたこともありました。それは、変化していくことに価値を見出しなさい、変化していくことを恐れるなというメッセージでした。

人間は、必ず変化していくのです。その変化を進化と捉えるにはどうしていくのか。

野球選手であれば、年齢による衰えは避けて通ることができません。

しかし、それでも、少しでも現役選手として続けていこうと思えば、若い頃のままではいけません。結果がついてこなくなります。

ではどうしたらいいのでしょうか。

それは、自分を変えることを進化として捉えられるかどうかということです。

人は、それぞれの環境と状況に応じて変化していくものです。そして、その変化によって進化していくのです。

「野村再生工場」と言われているものは、実はそうした変化を促しています。

「反省とは、過去に向かってやるものではなく、未来に向かってやるものなんだ」

こういう野村監督の発想が、人を変化させるのであり、それが、その人にとっての進化に繋がっていくのです。

変化していくことこそが、生命の根源であり本質であるということなのです。変化していく意識がなくなってしまえば、人としての進歩もそこで止まっていってしまいます。変わることを恐れない姿勢。このことが一番大切なのではないでしょうか。

12「お前は新たな出発ではいい星があるんだ。肩のちからを抜くだけでええぞ」

野村監督のもう一つの代名詞、それは「野村再生工場」です。これも、野村監督の言葉の魔力がもたらせています。「野村ノート」にある、数々の言葉のマジックによって実現されるようになっていたのです。

「野村再生工場」とは、かつて活躍していたベテラン選手を再生して、復活させることです。その一例が広島から移籍してきた小早川毅彦選手でした。野村監督は選手の長所を見つけ、それを生かす方法を常に考えていました。

優れた人が必ずもっている特徴を基準にして自分や人をチェックするとよい

1　観察力に優れる（情況を見る目）

2　自分を責めず人を責めず、愚痴（ぐち）をこぼさない
3　旺盛な問題意識がある
4　人から離れプライバシーをもつ欲求が大きい
5　自主性が増す
6　感情的な反応が豊かで観賞力が新鮮である
7　頂上体験、至高体験の回数が多くなる
8　対人関係が変わってくる
9　性格の構造がデモクラチック（民主的）になる
10　創造力が増す
11　価値観が多少変わってくる

以上を基準にチェックしたり観察することによりより自分をよりよく道に通じる

強く生きていくためのポイント
1　自分が打ち込める仕事で生計を立てる
2　一度やると決めたら情熱を惜しまず根気よくやる

3　他人の視線に左右されず、あくまで自分に忠実に生きる

また、野村監督は強い巨人に勝つ方法、つまり、弱者の戦略も知っていました。

「力のあるチームは現状に満足しているので、選手は絶対にこのままでは終われない、という意気込みはない。その慢心をいかに利用していくか」

選手の長所をどう生かしていくかを考えて、弱者はいかに戦い、いかに勝つべきか。どうすれば成長できるのか。野村再生工場とは、それを僕たちに考えさせる場でもありました。

〔弱者の戦術〕

①総合戦を退け一点集中主義で戦う（徹底主義をとる）

②弱点は必ずある。弱小が勝利するには一に集中、二に集中、三に集中する以外方法はなし（戦力を集中させる以外なし）

③「勢い」をもたらす力を養い一気に攻め込む。「勢い」とは強制力のことである（リーダーに従う、作戦に忠実に、華々しい実績を上げた経験が生きる）

（野村ノートより）

④個々の能力より全体のムードを重要視する。個々の能力に頼る戦い方で勝利は難しい

⑤常に主導権を取る努力をせよ

⑥実力以外の力をつけよ（勝負強さ、自己暗示のかけ方）

（野村ノートより）

13「練習目的とは、技術の向上、体力強化、コンディション調整、お互いの理解を深め、チームとして機能できるようにすること」

チームの士気を高め、練習の目的を浸透させるため、野村監督は時にカミナリを落とすこともありました。僕の現役時代、こんなことがありました。ブルペンでの投球練習をしている時でした。

野村監督がそこに現れ、難しい表情を浮かべながら僕たちの練習を見始めました。そこまでは「いつもの光景」です。すると、突然大きな声で怒鳴りました。

「何でお前、そんな捕り方してるんだぁ！」

全員、凍りつきました。野村監督は感情的な叱り方はしません。しかも、標的にされたの

は、ピッチャーの僕たちではなく、ベテランのブルペン捕手でした。

「もっとピッチャーをリードしろ！　ピッチングの時にハイハイって捕るのではなくて、低めに投げて欲しかったら、ちゃんと低めに構えるんだ！」

投手陣の誰もが頼りにしているブルペン捕手でした。とにかくキャッチングがうまくて、ストレートを投げ込むと、バシンと高い捕球音を響かせてくれ、投手同士で取り合いになるほどでした。

「ちゃんと投げさせたかったら、しっかり意思表示しろ！」

野村監督は容赦しません。

「お前がそうやってリードしなかったら、どうするんや⁉　ピッチャー、コントロールつかんぞっ！」

僕たちの前で怒鳴られても、年長のブルペン捕手の方は平身低頭、謝るだけでした。

野村監督は「怒るタイミング」を見計らっていたのではないでしょうか。

やみくもに投球数を重ねるだけのブルペン練習では意味がありません。野村監督が怒ったように内外角の低めにしっかり投げ分けなければ、実戦で通用するピッチングはできません。投手陣を集めて叱ることもできたはずですが、あえてブルペン捕手を、それも僕たちがもっとも信頼する大先輩を叱ることで、強烈なインパクトを残しました。しかし、これが野村監督の狙いでした。

「練習目的とは技術の向上、体力強化、コンディション調整、お互いの理解を深めチームとして機能できるようにすること」

それが目的であることを、僕たちに十分すぎるほど知らしめました。おそらく、野村監督は緊張感をチームに与えるため、ブルペン捕手を皆の前で叱ることを決めていたのだと思います。

僕たちは決して手抜きの練習はしていません。しかし、大先輩に恥をかかせてしまったこと、申し訳ない気持ちでいっぱいになり、これが、練習目的を共有することにもつながりました。実際の試合に出るのは僕たちですが、ブルペン捕手を始め、裏方さんたちと目的を共有できなければ、チームは強くなっていきません。チーム全体にプレッシャーを感じさせながら、野球に取り組む組織、環境作り……。選手だけではなく、裏方さんも含めたチーム全員の士気を高めること。そんな野村監督の目線は業種を問わず、会社組織のリーダーにも共通するはずです。

以後、僕たちのブルペン投球の練習は一変しました。投げるコースを考え、内外角のコースギリギリを狙って投球練習をするなど創意工夫が芽生えました。野村監督は「正しい努力をしているか？」と言いたかったのでしょう。今日は何球投げた、どれだけ走り込んだのかなど「練習の数」で満足してはいけない。

「試合で失敗したことを練習で修正しなさい、そのためには頭を使いなさい」と伝えたかったのだと思います。

14「自分のピッチングをしろ。勝つか負けるかは時の運だから」

野村監督がよく口にされていた言葉に、「まず、人の話を聞け」というものがありました。

野村監督が就任と同時に僕たちをミーティング漬けにし、「人として」という講義をされました。それは人生の指針となるような金言ばかりでしたが、正直な話、当時19歳だった僕にはピンと来ない内容もありました。

「引退してからの人生のほうが長い」と教えられ、まさにその通りなんですが、これからプロの世界で成り上がってやろうという年齢でした。その教えの尊さに気付いたのは、もう暫く時間が経ってからでした。

若すぎたため、野村監督の金言を理解できないだけではなく、野球の技術的な面でも未熟なところがたくさんありました。その一例が窮地でコントロールミスをし、逆転打を食らったことです。とくにインコースを狙ってのコントロールミスは致命的です。「ホームランを打ってください」と言わんばかりです。しかし、まだ未熟だった僕たちにこうも教えてくれました。

「だったら、こっち（内角）に4球投げて、四球を出せ。それだったら、まだ意味がある」

できなければ、できないなりのやり方があるわけです。

こんな未熟な僕たちを率いて、野村監督は就任3年目の1992年、チームを優勝に導きました。同年の日本シリーズで西武ライオンズに敗れ、日本一にはなれなかったわけですが、チームのペナントレース優勝は1978年以来、2度目。選手の大多数が胴上げ、ビールかけは初めての経験であり、周囲は「よくやった」と好意的に見てくれました。日本シリーズ第7戦で敗れた時は本当に悔しかったですが、セ・リーグで15年ぶりの優勝という空気に流されそうになってしまいました。この年、僕はケガでいませんでした。しかし、野村監督は

「悔しい」という思いをあらわにし、翌1993年のキャンプイン初日も僕たちヤクルトナイン、コーチ、裏方さんなど全関係者を前に、こう言い切りました。

「今年の目標はセ・リーグ連覇、そして、日本一！　日本一を獲る！」

いつも以上に厳しい表情を浮かべる野村監督を見て、僕も身が引き締まる思いがしました。日本シリーズ第7戦に敗れて負けた悔しさがふつふつと蘇ってきました。対戦した当時の西武ライオンズは日本一になって当たり前と言われるくらいのチームでした。でも、負けたことへの悔しさ、シーズンの最終日程を負けて終えた屈辱感がメラメラと僕たちの胸中に蘇ってきました。

同年はキャンプ初日から日本一になることを目標に掲げ、シーズンを送りました。野村監督も本当に勝ちたかったんだと思います。「連覇、日本一」の目標を繰り返し、口にされていました。

そんな優勝と日本一を意識した同年シーズン最後の試合、つまり、日本シリーズ第7戦の先発マウンドを任されたのは、僕でした。本当は投げる予定ではありませんでした。第4戦の先発を託され、その役目を終えた時点で、ヤクルトは3勝1敗。日本一に王手を掛けていたので、「もう、先発はないだろう。登板があったとしても、それはスクランブル体制でのリリーフだけ」と思っていました。ところが、第六戦が雨天中止となり、第7戦の試合日程がずれ込み、僕の登板間隔が「中4日」となったので、

「川崎、お前行け！」

と、野村監督に告げられました。

「キャンプからずっと日本一になることを目標に頑張ってきて、そのいちばん最後の大事な試合で、オレが投げるのか……」

これが先発を告げられた時の正直な思いです。

その年は「日本シリーズで勝つために戦ってきた」と言っても過言ではありません。野村監督の思いと同僚たちの努力、裏方さんたちの苦労など全てを、僕の投げる1球で台無しにしてしまう恐れもありました。

緊張しすぎて胃が痛くなり、吐き気まで催してきました。独りになって控え室でジッとしていた時、野村監督が呼び寄せてくれました。

「どうや、緊張しとるか？」

「はい。緊張してます」

「自分のピッチングをしろ。勝つか負けるかは時の運だから」

たわいのない、これだけの会話でした。でも、少し楽になりました。今思えば、野村監督も緊張されていたと思います。野村監督は「自分のピッチングをしろ」と僕に言いながらも、自分自身にも「落ち着け」と言い聞かせたように思えたのは僕だけでしょうか。

1992年の日本シリーズの敗退を「失敗」という言葉に置き換えれば、そこから上に行くことを目指さなければなりません。日本シリーズで負けて終わった悔しさを忘れてしまったら、成長はありませんでした。1993年、日本シリーズを制した時、僕たちは「負けて終わるのと勝って終わるのとではこんなにも違うのか」ということを、野村監督から教えてもらったのです。

15「人生とは今日一日のことである」

「若い時に流さなかった汗は、年をとった時の涙となる」

これも、野村監督のミーティングで出た言葉の一つです。現実から逃げることは確かに楽ですが、それは後々何倍にもなって返ってくるということでしょう。小さな日々の鍛錬が大事であり、後に僕は本当にそんな野球の神様に試されてるようなアクシデントに見舞われました。2001年、僕はフリーエージェントの権利を行使し、中日ドラゴンズに移籍しました。その移籍後すぐに右肩を故障してしまったのです。

病院に通い、リハビリにも懸命に取り組みました。しかし、結論から先に言ってしまえば、僕の右肩は回復することはありませんでした。その肩痛を抱えてからの4年間についてお話ししたいと思います。

まず、故障を抱えてしまったので、「できる練習」は、ウエイトトレーニング、ランニングなどその内容は限られてきます。チームから離れ、一人で練習をしていると考える時間も多くなり、僕はプロ野球選手として、プロのピッチャーとして、「今、自分にできることは何か」、「プロ野球選手としてやれること」、「やるべきこと」を自問自答していました。自分自身ともっとも向き合っていた時間ともなりました。

その時、前出の野村監督の「若い時に流さなかった汗は、年をとってからの涙になる」という言葉を思い出し、故障という辛い現実からも逃げないと決めました。今、やるべきことは全てやっておく。その積み重ねこそが未来を変えると信じました。

故障を防ぐにはどうすれば良いのか

〝予防は治療にまさる〟

準備、トレーニング

・自己防衛（本能）していることを「自分で認める」ことから変化が始まる（自然に抑制することが起こる）

・自分の体に対する不安、恐怖がブレーキをかけている

・100％練習で力を出していないと試合ではそれ以上負荷がかかることによって故障の原因になる

・「鍛える」とは疲れたあとのひと踏ん張りの精神が必要

「オーバーワーク」と「強化」の判断基準をどこに置くか

・防げる怪我と防げない怪我がある。大半が防げる。ちょっとした知識、集中力、基本プレーが重要である

・筋肉の故障を一度起こすと完治まで休まざるを得ない

（野村ノートより）

「本当に復活できるのか、もう一度、マウンドに立って投げることができるのか」という不

安との戦いの中で、この野村ノートが後押ししてくれたことは言うまでもありません。毎日、その日の目標と計画を立て、「復活する」という強い気持ちを持って、練習を積み重ねていきました。

人生とは、今日一日のことである
なぜ仕事をするのかを考えよ
（人生の本当の問題に取り組め）
・本能的欲求＝幸福、成長、創造性を求める（自然の欲求）
人生を支配しているのは自分自身であることの事実をよく認識すること。したがって人生は選択の問題になる。どう考えるべきかを決めることが問題である
・感情も行動もすべて考えることから起こる
一流選手になるために働く。という考えは最終目標ではない。最終目標は生きがい。充実感を感じたら価値観を高め、最後に悔いなく幸せに終わる
・「男子一生の仕事とは」人生観に照らし生涯を費やして納得できるもの
・人生は晩節（歳をとってから）称賛で終わるか悪評で終わるかで、その人の人生は決

まってしまう
人生の意義や目的に重きを置くことが肝要だ
（野村ノートより）

これが、野村監督の教えであり、〈「どうするか」を考えない人に、「どうなるか」は見えない。〉という、教えも思い出しました。

もちろん、中日ドラゴンズの首脳陣や裏方さんたちにもお世話になりました。支えてくださった方々に恩返しするためにも頑張ろうと思いました。

野村監督のような一流の選手、指導者にも辛い時期はあり、それを乗り越えられてきました。その野村監督の教えにしたがい、地味で寂しく、一人でこなす練習、リハビリも真剣にこなしていこうと思いました。今は、一軍のマウンドに再び立つ日までの準備、「プロセスを大切にしなさい」の言葉も、リハビリの期間を無駄にしないことにあてはまるかもしれません。仮に復活できなかったとしても、できることを全てやっておけば後悔はしません。自分一人のメンツで復活を目指していたら、晩年の現役生活が苦しい思い出だけで終わっていたでしょう。

また、復活は僕個人のためよりも、それこそ、これまでの僕の野球人生を支えてくださった人たちへの恩返しだと思っていました。良い報告がしたい、喜んでもらいたいという思いですが、「自分のために」では限界があり、耐えられなかったと思います。そういった思いを教えてくださったのも、野村監督です。復活するんだという思いを目標、目的意識という言葉に置き換えれば、野村監督の教えは辛い時期を乗り越えるためのバイブルとも言えるのではないでしょうか。

「練習は嘘をつかないって言葉があるけど、頭使って練習しないと普通に嘘つくよ」

実戦を意識し、目的意識のない練習を否定されていました。

16「事を進めるための考え方を探れ」

熱心なプロ野球ファンであれば、「もしも自分がプロ野球チームの監督になったら……」ということを夢想したことがあるのではないでしょうか。プロ野球球団の監督を務めているのは、わずか12人だけ。世の中に存在する職業の中でも、極め付けの〝狭き門〟であることは間違いありません。

僕が現役だった時代には、関根さん、野村さん、若松勉さん、星野仙一さん、山田久志さん、佐々木恭介さん（監督代行）、そして落合さんという7人の監督の下でプレーしました。また、解説者、コーチとして、何人もの監督さんを取材したり、共に仕事をしたりといった経験も持っています。

その中で感じていることですが、監督には「行動で示すタイプ」と「言葉にして伝えるタイプ」が存在しています。後者の代表的存在が、野村監督ということになるでしょう。

野村監督は、プロ野球選手には「言葉を持たない人」が大部分だと感じていたそうです。なぜなら、少年野球の時代から、中学校、高校の野球部まで、一貫して「理論より実践」、「考える前に動け」というやり方を、選手たちは叩き込まれてきたから。そういう教育を受けてきたプロ野球選手たちに「考える習慣」を身に付けさせるためには、監督自身が豊富に言葉を持つ人間にならなければなりません。

野村監督自身は、もともとが無口で、話下手、人前で話すことも苦手中の苦手だったそうです。しかし、解説者として、野球をあまり知らないテレビの視聴者に、その魅力を伝えるためには、どうしたら分かりやすいのか、また講演会の講師を頼まれた際に、どうしたら飽きずに話を聞いてもらえるかといった問題を解決するためにも、自分自身の話す力を上げるしかない、という結論に至ったそうです。

「事を進める考え方を探れ。考える習慣を持たない選手に、考えることの重要性を理解させる」

そういうミッションを達成するために、野村監督は、僕ら選手を前にしたミーティングでも、圧倒的な量となる言葉を発し続けたのです。

言葉の力は行動や習慣も変化させます。野村監督は、ミーティングの中で、こんな言葉をホワイトボードに書き込みました。

「意識が変われば、行動が変わる。行動が変われば、習慣も変わる」

確かに、漠然と練習メニューをこなすよりも、このトレーニングをこなすことで、こういう効果が生まれてくる、ということを強く意識していれば、練習で得られるものも大きくなっていきます。また、体調をしっかりと整えることで、トレーニング効果もさらに上がってくることが理解できれば、前夜に深酒をするような行動も取らなくなり、栄養に関する知識欲が芽生えてくることにも繋がっていきます。

ただやらされているだけでは、そこで終わってしまいますが、自分の頭で考えたうえで行動していくことで、様々なプラスの循環といったものが、派生してくるわけです。

野村監督はこう続けて書きました。

「習慣が変われば、人格が変わる。人格が変われば、運命が変わる」

もちろんどんな場合にも、すべてがスンナリと上手く運ぶわけではないですが、野村監督流の「事を進めるための考え方」は、野球だけでなく、人生のあらゆる場面にも応用できるのではないでしょうか。

ペナントレース開幕を前に、キャンプ、オープン戦で何を考え、どんな風に準備を進めてきたのか。「意識」、「行動」、「習慣」、「人格」、「運命」を良い方向へと動かしていくための正しいプロセスは、本番での結果をも左右する、極めて大きな要因にもなってくるのです。

17「勝負は不思議なもので、強い者が勝つとは限らない」

僕のプロ初先発、初勝利は読売ジャイアンツから挙げたものでした。初完封・初完投勝利も巨人戦であり、現役生活を引退するまでの間、29勝（24敗）を挙げることができました。

巨人に勝っても、1勝、他のチームに勝っても、1勝は1勝です。だけど、巨人戦には特別な思いを持っていて、「絶対に負けたくない。勝ってやる！」と闘争心を燃やして投げてきました。

今だから言えますが、巨人戦にすべてをかけていました。

それだけ特別な思いを抱いていた理由は、まず、僕個人が大のジャイアンツファンだったこと。しかし、ドラフト会議でヤクルトスワローズに指名され、巨人と対戦する側の選手となりました。ファンだったので、巨人のすごさは分かっていたつもりです。その巨人に勝ちたい、スター選手ばかりが名を連ねる巨人打線を倒したいという気持ちが強く芽生えました。当時のプロ野球中継といえば、巨人戦がメインでした。田舎の家族、友人、知人らにも見てもらいたい、良いところを見せたい。もっとも影響力のある巨人に勝つところを見せたいとの一心でした。

そんな人気球団である巨人に対し、野村監督も特別な思いを抱いていました。ヤクルトの監督時代、巨人の長嶋茂雄監督（当時）に対抗する発言を繰り返していました。また、それ以上に現役時代から同世代の長嶋さん、王貞治さんには強いライバル意識を持っていて、その思いは生涯消えなかったのだと思います。しかし、憎い、嫌いということはなかったでしょう。野村監督はよく「俺は月見草や」と言っておりましたが、巨人と南海ホークスの人気の差、当時のセ・リーグとパ・リーグの注目度の違いが「月見草」発言や、対長嶋巨人への挑発的とも取れる一連の言動にもつながったのでしょう。

しかし、野村監督は「計算していた」というか、そういう発言をすることによってメディアの注目を集めようとしていました。事実、「野村対長嶋」の対決構図を作り、ヤクルトと巨人の対戦は大きく取り上げられましたし、僕たちヤクルトナインにも、

「どんどん、テレビに出ろ。断るな！」

と言っていました。よほどヒドイ企画でない限り、現役時代はたくさんテレビに出て、

「顔と名前を覚えてもらえ」というメディアを使った戦略でした。

偉大な記録を樹立しても、巨人の人気には太刀打ちできなかった。新聞にも、なかなか取り上げてもらえない。そんな野村監督の現役時代の経験が、野村ヤクルトの巨人への敵愾心に変わったのでしょう。

またこんな言葉で僕たちの闘争心を鼓舞しました。

「常識的に見れば巨人は強い。でも勝負は不思議なもので、強い者が勝つとは限らない」

当時の巨人はフリーエージェントで西武ライオンズから清原和博選手を獲得し、キャンプイン直前には近鉄バファローズ（当時）の四番バッター、石井浩郎選手も交換トレードで獲得するなどの大型補強を行い、優勝候補の大本命に挙げられていました。常識的に見れば、巨人以外のチームの優勝は考えられない状況でした。

しかし、同年の優勝はヤクルトです。開幕戦でいきなりその巨人とぶつかり2勝1敗と勝ち越し、その勢いを失わないでペナントレースを勝ち抜きました。野村監督の宣戦布告というか、「強い者が勝つとは限らない」の言葉は予言となったのです。

18「変化することの恐れを捨てよ。変化は価値なり、進歩なり」

若い頃の僕は、インコースへのコントロールが甘く、ど真ん中にボールがいきがちだったのですが、正確にいえば、決め球となるシュートの精度が甘いというよりも、シュート自体、あまり投げたくはない気持ちが、当時の僕にはあったのです。

その理由は、「シュートを投げ過ぎると、ヒジを壊してしまう」という、野球界で囁かれていた俗説を、全面的には信じていないまでも、気にはなっていました。

野村監督は、ヤクルトの監督に就任した直後から、僕だけではなく、投手陣全体に、「打者の身体に向かって、鋭く曲がってくるシュートの有効性」を、頻繁に説いていたのですが、僕自身、インコースを攻めることの重要性は理解していたものの、球威のあるストレートを投げていればシュートに頼らなくても、何とかなるのではという気持ちを捨て切れませんでした。加えて20歳代前半の頃は、打たせて取るよりも、三振を奪うことの方が、自分らしいピッチングだと、後の視点からすれば、〝勘違い〟していた考え方を持っていたのです。

僕の中で、変化が生じたのは、故障、それに伴う右ヒジ手術の影響もあり、1995年は7試合、翌1996年は5試合にしか登板できなかったことが、大きなきっかけでした。また、それ以前からも、これまでなら空振りを取れていたはずのボールが、バットに当てられているという感覚は抱いていました。スピードガンに表示される数字は同じでも、ストレートの質、切れが落ちてきている。20歳代半ばを越え、僕はプロ野球の投手としての岐路に立たされていたのです。

そういう時期に、以前ミーティングでの野村監督の言葉が、頭に甦ってきました。

「変化することへの恐れを捨てよ。変化は価値なり、進歩なり」。また「現役時代のオレがいちばん打ちづらいと思ったのがシュートや。たった10センチ、内側に曲がっただけでこんな打ちづらいボールはない」という、野村監督の言葉を思い出したのです。シュートは右バッターの胸元に曲がってくる変化球です。

「川崎の決め球はシュート」という印象を強く持たれているプロ野球ファンも多いかもしれませんが、そのボールはプロ入り後、20代半ば以降に覚えたボールです。ストレート勝負にこだわっていた自分を変えなければならないと思い、習得しました。

変化論

1　変化することへの恐れを捨てよ
2　あらゆる変化は成長の進歩の因子である
3　変化は価値なり進歩なり
4　変化への恐怖は自信のなさから生じる
5　変化こそ生命の本質なり

（野村ノートより）

これはプロ野球の世界に限ったことではないと思いますが、長年に渡り自分が続けてきたこと、経験を通じて自分が培ってきたことを一から見直したり、やり直したりすることは、とても恐ろしいことです。ましてや、過去にそれなりの成果をあげてきているとしたら、なおさら「無理に変えることもないのではないか」と、守りの姿勢に入ってしまうことでしょう。

でも、よく考えてみれば、「変化することを恐れるのは、自信がないことの裏返し」なのかもしれません。

常に自信（優位感）をもって挑む

・自信をもつということは戦う上で重要なことだが至難のわざである

［自信をつけるための手段］

1　経験がものをいう。試合を経験し練習を積んでいくのが一番

2　相手の弱点を徹底的に探すことにより優位感を高めていく

3　投手も野手もクセの発見や傾向などを見つけること

4　弱点をいかに捨てるか「覚悟を決める」「絶対に勝ってみせる」の意気込みを持つ

5　相手がどう見ても「自分より上だ」と感じた時はそれを素直に認めた上で「今、自分にやれることは何か」の心境に立ち、その上で基本、原則、セオリーに基づいて「やることをやって結果は神様に委ねる」と割りきること

6　準備を重ねていくうちに不可能が可能となってくる。自信は各自の考え方や性格によって変わる。〝過程が奇跡を生む〟

（野村ノートより）

自分自身を信頼していれば、野村監督が言う通り、「変わろうとすることが、すでに価値であり、進歩へと繋がっていく」のではないでしょうか。

従来の僕のピッチングの中にあった変化球は左に曲がっていくカーブ系のものが主体でした。しかし、シュートは右に曲がっていきます。真逆にすること、固定観念を捨てること、昔の自分を取り戻すのではなく、新しい自分に変化することが現状を打破する手段です。逆転の発想です。

僕がこだわってきたのは三振を取ることでした。新しいものを得る時には、いちばん大切なものを捨てなければならないと思っています。一番大切にしていた三振を捨て、内野ゴロを積み上げることに楽しみをシフトしたことで、シュートを習得ができたのだと思います。

有名企業でも、看板商品の売れ行きが伸び悩んだ時、その看板商品のクオリティの高さは日本中から認められていたため、そこに強いこだわりがあり、新しい商品の開発に踏み切れず、全てを失ってしまったという話もありました。

シュートという決め球が、やっと自分のものになった1998年、自己最高となる「17勝」を挙げ、夢であったセ・リーグ最多勝のタイトルを獲得することができました。

19「奇跡を起こす三つのポイント」

1996年は、わずか5試合にしか登板できず、1勝も挙げられなかった僕が、本格的にシュート習得に取り組み、1998年にセ・リーグ最多勝のタイトルを獲れたことは、「奇跡」に近い出来事だったのです。

野村監督は、キャンプにおけるミーティングの中で、こう語りました。

「奇跡を起こす三つのポイント」

・初めてのことを何かやってみる
・知らない人に話しかけてみる
・古いものにしがみつかない

（野村ノートより）

その１「初めてのことを何かやってみる」。

たとえば、「験(げん)を担(かつ)ぐ」ではありませんが、球場や練習場に向かうのにいつもと違う道で行ってみるのもその一つだと思います。球場に通う道が変われば、目に入ってくる光景も違ってきます。気分転換にもなりますが、気分転換できたことで、何か新しいアイデアが浮かんでくるかもしれません。野球の練習ではアップ、キャッチボールという流れですが、僕は、キャッチボールの前にアメリカンフットボールのボールやソフトボール球を使って投げてみて、「初めての挑戦」をやってみました。大きいボールを使うことで、肩がいつもより早く温まり、強いキャッチボールが短時間でできるようになりました。

また、引退してからはこれまでなかなかお付き合いのできなかった異業種の方たちとボウリングやお花見に出かけたりもしてきました。

現役時代にできなかったことをやってみるのも、僕自身の視野、人脈を広げるきっかけとなり、現役時代は知らなかった新しい情報、知識を得ることにもつながりました。こうした初めての経験はビジネスマンの方にもあてはまることだと思います。

プロ野球の世界に限らず、初めてのこと、言い換えれば、それまでの常識や習慣から外れたことにチャレンジするのは、物凄く勇気がいることであり、様々な軋轢が生じる可能性も高い行為です。とはいえ、「奇跡」を起こすために、リスクを冒すことは必要絶対条件の一つなのではないでしょうか。

その2　「知らない人に話し掛けてみる」。

これは僕なりの解釈ですが、「知らない人に話しかけてみる」は、「もっとたくさんの人と話をしてみなさい」という意味でもあるのではないでしょうか。

現役時代、プロ野球選手は一般の方々と直接話をする機会がほとんどありませんでした。また、チームの采配にも関連する情報漏洩のきっかけにもなりかねないので、あえて避けていた時もありました。

しかし、現役をやめてから数年が経ち、僕自身、交友範囲の狭さを痛感し、このままではいけないと思いました。「知らない人に話しかけてみる」ことは、難しいことです。いきなりやってみろと言われてもなかなかできません。

そこで僕なりに考えたのは、まずはフェイスブックでした。そこで、写真を投稿してみると、多かれ少なかれ、いろいろな人からコメントが寄せられてきます。そして、コメントをくれた方々に勇気を持って返事を返してみました。それが会話にもつながっていき、今度はリアルな実社会の方でもいろいろな人と話ができるようになっていきました。いろいろな人と話をし、自分の周りにもたくさんの人が集まってくるようになり、こうして築き上げたネットワークが今まで知らなかった情報を与えてくれるだけではなく、将来、何かを始める時に、あるいは異業種に挑戦する時のヒントにもなると思いました。これも、業種を問わず、一般社会の人にも共通することだと思います。

その３　「古いものにしがみつかない」。

まさしく、シュート習得を決意した時の僕がそうだったのですが、それまでの固定観念を捨て去って、新たなことへチャレンジすることは、「奇跡」を起こすための、第一歩だと思います。

野村監督が、繰り返し選手たちに説いていた言葉の中に、「固定観念は悪、先入観は罪」

というのがあるのですが、若い頃の僕は、「そこまで強い表現を使わなくても……」という気持ちも、少なからずありました。しかし、20代半ば過ぎに大きな転機を迎えた時、「この言葉にあるくらいの強い覚悟がなければ、新しいチャレンジを成功させることはできないのだな」と実感したのです。

20「精神面の変化は多くの修羅場をくぐり、本当の苦労を経験しないとできない」

上司が部下の特性を見抜いた上で「適材適所」に使うと、組織は円滑に回っていく――。野村監督はそう教えてくれました。監督就任1年目、意識的に僕を巨人戦に先発させることで〝巨人キラー〟の称号を得る機会を与えてくれたのです。

1990年の巨人は斎藤雅樹さんや桑田真澄さんらの強力投手陣を軸に開幕から独走し、8月3日にマジック32を点灯させました。その後も快走を続け、マジック2で迎えた9月8日、僕は東京ドームでの巨人戦に先発することになりました。

初回にクロマティに先制タイムリーを打たれましたが、4回に味方が追いついてくれます。

6回に勝ち越しを許すも、8回に池山隆寛さんがバックスクリーン弾を放ち、2対2の同点に。9回裏に2死一塁、二塁のピンチを招きましたが、クロマティをセカンドゴロに打ち取り、試合は延長戦に突入しました。

目の前での胴上げは絶対に避けたい。そんな気持ちを持ちながら、10回裏1死で5番の吉村禎章さんを迎えました――。

思い返せば、吉村さんと僕は不思議な縁がありました。

2年前、札幌円山球場での中日戦で、右ヒザじん帯断裂という選手生命が危ぶまれるほどの大ケガをした吉村さんは、わずか1年2ヶ月で奇跡のカムバックを果たします。

1989年9月2日、東京ドームでのヤクルト戦、8回裏2死二塁、代打で登場しました。その時の対戦相手が、ルーキーの僕だったのです。ドームが異様な盛り上がりを見せていましたが、打たれるわけにはいきません。

なんとかセカンドゴロに抑えましたが、巨人ファンならずとも、あの場面では吉村さんにヒットを打ってほしかったのではないでしょうか。1年目の18歳で、尋常ではない雰囲気を経験したことは大きな財産になりました。

2年目にメディアからは〝巨人キラー〟と呼ばれるようになりましたが、吉村さんには手痛い所で打たれていました。7月31日、平松政次さん（大洋）に並ぶ巨人戦3試合連続完封という日本タイ記録、2リーグ分裂後初の巨人戦5連続完投勝利をかけ、東京ドームでの試合に先発しました。この日もストレートは伸びがあり、フォークもよく落ち、6回までゼロで抑えます。相手のエースである斎藤雅樹さんもゼロを並べていきました。

7回裏、3番・クロマティ、4番・原辰徳さん、5番・吉村さんというクリーンアップを迎えます。クロマティも原さんも一発のある怖い打者なのですが、二人を凡打に仕留めた後、吉村さんに回ってきました。前の打席で、ファールで4球粘られるなどタイミングが合っているなと嫌な予感はしていたんです。

2つのファールで追い込み、3球目は内角低めのストレートが外れます。勝負の4球目。ストレートが抜け、シュート回転して高めに浮いたところを捉えられ、ライトスタンドに運ばれました。

結局、この1点を斎藤さんが守って、僕は3試合連続完封も、5試合連続完投勝利も逃すことになりました。

たった1球の失投で、ゲームは決まってしまう。改めてプロの怖さを知りました。

その後、8月14日の巨人戦で7回6失点と打ち込まれた僕は雪辱を誓い、胴上げを阻止するべく、9月8日のマウンドに上がったのです。

延長に入る頃、マジック対象チームの広島が敗れたと伝わってきました。巨人はマジック1となり、勝つならサヨナラ打しかない状況になりました。そんな時ほど燃える僕は、いつも以上にアドレナリンが出ていたと思います。

10回裏、4番の原さんをレフトフライに打ち取り、5番の吉村さんを迎えました。外角のストレート、外角のカーブでファールを打たせ、2球で2ストライクと追い込みました。この後、内角の真っすぐで体を起こさせて、外角のスプリットで打ち取ろう——。捕手の古田敦也さんと意思疎通ができていました。

しかし、ボールにするはずの球が甘いコースに入り、吉村さんに見事に捉えられ、ボールはライナーでライトスタンドに一直線に飛んでいきました。

セ・リーグ初のサヨナラホームランでの優勝決定です。

打球が入った瞬間、僕は放心状態になりました。ベンチに戻ると、思い切り帽子をたたきつけて、頭にタオルを被(かぶ)せたまま号泣しました。うずくまる中、藤田元司監督が胴上げされ、ドームは巨人ファンの大歓声がこだましている……。今でも忘れられないプロ生活3本の指に入る悔しい出来事でした。

なぜ、外すはずのボールが真ん中寄りに入ってしまったのか。

古田捕手は明らかに内角高めに構えているのに、僕の心に「この1球で空振りを奪えたら……」という甘い考えがあったのです。外すと決めたら、きっちり外す。中途半端な気持ちで投げて通用するほど、プロは甘くない。

「精神面の変化は多くの修羅場をくぐり、本当の苦労を経験しないとできない」

そのあとの巨人戦から、野村ノートのこの言葉を肝に銘じマウンドに立ちました。

野村監督は選手にヒントを与えてくれますが、手取り足取り教えるのではなく、

「試練は自分で乗り越えてこそ成長する」

という信念を持っていました。徹底的に巨人戦で投げさせてくれ、斎藤雅樹さんや桑田真澄さん、槙原寛己さんという3本柱と投げ合うことができ、吉村さんという天才打者に向かっていくことで、10代で多くの修羅場を経験できました。

こうして精神面も強化されていき、1993年の西武との日本シリーズにも繋がっていくのです。

上司は、部下が失敗すると、口うるさく言いたくなるかもしれません。しかし、そんな時

こそ、そっと見守り、自分で考えさせる習慣を身につかせていけば、成長度合いは大きく変わってくるのではないでしょうか。

第三章　準備する力

21「敵を知り、己を知ることから戦略戦術は生まれる」

データを重視する野球。それは少なくとも野村ID野球にとっては絶対不可欠な要素でした。一番大事なことは何かというと、まずは、相手をより深く分析していくこと。つまり、相手を知るということです。

そして、次に必要なのは、今の自分たちの力です。自分たちの力がどうなのかということです。それはただ単に打てるか打てないか、投手であれば、今の力で抑えられるかどうかということだけではありません。

今、まさにこれから対戦しようとしている相手に対して、果たして自分たちはどれだけの準備をしてきているのだろうかというところから始まります。

「野球とは、準備のスポーツや」と野村監督はよく言われていました。

［試合のための準備］

〝仕事の三大要素〟　1　計画（準備）　2　実行　3　確認

1　内面的準備

・精神的な面の充実を図る
闘争心を燃やす、集中力を発揮させる精神統一
優位感や自信を持てる材料を探す

・健康管理を軽くみるな。バランスのとれた食事の時間、睡眠、静かな部屋、適温で8時間の睡眠

2　外面的準備

・コンディション管理　技術面のあくなき向上心（現状を守る考えは下降線をたどることになる）

・弱点の矯正、体調を整える（ランニング、筋トレなど）日頃から自分の欠点を強化しておく

・戦術面での準備
攻略法を具体的に頭に入れる
データ、ビデオなどで研究、クセの発見に努める。試合前に予測試合を頭の中でし

ておく。変化を見るために役立つ基準になるものを用意しておく。その他試合に生かせる敵の情報を入手する努力をする

（野村ノートより）

ここでいう準備は、まずは相手のことをどれだけ分析しているかを指しています。

野村監督は、ミーティングでもよく「本を読め」と言われました。それは、本を読むことによって、自分で考える知力が育つということと、野球以外の世界に目を向けることになるからです。そして、野球以外の世界に目を向けることで、改めて自分たちの仕事である野球に対する世界観が広がっていくという考えなのでした。

野村監督は、大局的な視点からシーズンを見て野球を見ていました。そして、最終的な目標である優勝へ向かって、何をどのようにしていけばいいのかということを順序立てて考えていました。つまり、会社経営で言えば、しっかりとしたビジョンに基づいて経営しているということになります。

「組織はリーダーの力量以上には伸びない」

この言葉も野村監督がマスコミに対しても含めて、よく述べられていた言葉でした。これは、組織の原則でもあるという言葉なのですが、だから、野球のチームで言えば、監督の器

以上に大きくはならないということを諭しているのです。

だから、野村監督は、いくつになっても常に自分の器を大きくしていこうという努力もされていました。僕たちに対してよく、「本を読め、本を読んで考える力を身に付けろ」と言われていましたが、それ以上に自分ではもっと本を読んでさらに蓄積されていました。

野村監督は、幾多の著書を出されています。それは、野球の監督という立場を超えて人の生き方や考え方、組織の運営の仕方にもかかわる内容が多くなっていました。だから、起業家やビジネスマンの人たちからもよく読まれました。

その中で、『孫子の兵法』もよく引用されています。

「敵を知り、己を知ることから戦略、戦術は生まれる」

という考え方が基本にあります。まさに、それこそが「野村ＩＤ野球」の根底にあるものだと言ってもいいでしょう。

そうした中で、野村監督の名言ともいうものがあります。

「勝ちに不思議の勝ちあり、負けに不思議の負けなし」

勝つ時は、どうして勝てたのか分からないこともあるけれども、負けた試合には必ず原因があるということ。実は「不思議の勝ち」とは言っていますが、その根拠はしっかりと分かっていました。

だからこそ、そういう言葉を用いて報道陣まで煙に巻いていたのです。

「まず敵に負けない態勢をつくれ。次に敵に勝てるチャンスを待て」

これは、組織論にもつながっていくことなのでしょう。この態勢づくりがしっかりしていれば、一見すると力としては劣っているかのように見えても「不思議の勝ち」を得ることができるのです。

「負けない態勢を作るのは自分の問題である。こちらが勝てる隙を作るのは敵の問題だ」

ということになるのです。

そうなると、「負ける原因は自分の中にある」ことが見えてきます。そうであれば、負けないための要素は自分が努力すれば作ることができるのです。

だから、まずは負けない態勢を作るべきだ、負けない組織を作るのだということです。そのためには、「攻め」ではなく「守り」から入るべきだということです。

相手を知ること、相手を研究すること。その準備から戦略は生まれてくるのです。

そうすれば、「不思議の勝ち」も、実は必然だったということが言えるのです。

22 「仕事が最高の状態にある時、仕事と遊びは一致しているはずだ」

先に、小早川選手の例を挙げて「野村再生工場」のことを述べました。

野村監督は、常に他球団の選手に関しても、しっかりと見ていました。その選手が、どういう意識で野球をやってきていたのかも気にしていました。

こうした観察から、野村再生工場のルートに乗る選手が見出されていきます。だから、野村監督が再生させてみたいと考える選手は、過去の数字的な実績がある選手とは限りませんでした。

むしろ、もっとも重んじていたのは、そこに至るまでの姿勢、過ごし方なのです。練習への打ち込み方、野球に対する取り組み方、そんなところを重視していました。それは、野球を仕事としているプロ野球選手なのだから、仕事に対する取り組み方ということも言えるでしょう。

つまり、それはそのまま人として、仕事に対しての取り組み方の姿勢を見ているということとにもなります。

「自分の仕事に対して、真面目にひたむきに取り組んでいける人間は、組織において必ず役に立つものなんだ」

こうした考え方に基づいたものでした。

これはもちろん、何もプロ野球という世界だけのことではないでしょう。むしろ、一般社会の中でこそ生かされていくことと言ってもいいのかもしれません。

そして、仕事が上手くいけば、自分の思うようにいくのであれば、それは楽しくて仕方がないことです。プロ野球の選手でもそうです。投手であれば、自分が思い通りに投げられて、相手を抑えられれば、投げることが楽しみに変わります。

そんな楽しさや面白さは、やがて遊びに夢中になっているような感覚になっていくのではないでしょうか。

「仕事が最高の状態にある時、仕事と遊びは一致しているはずだ」

野村監督は僕らによくそう言いました。

ただ、誤解ないように伝えておきたいのは、ここでいう「遊び」というのは、真剣に取り組む遊びです。つまり、どんな仕事でも真剣に取り組んでいって、それがいい方向へ行って、結果が出てくるのであれば、それは、意識の中では「遊び」であるかのように思えてくる。つまり、それだけ仕事が楽しいということです。

仕事が楽しければ、日々の生活も楽しくなっていきます。多くの大人は、仕事をすることで生きています。そして、仕事が楽しいと思えれば、それはその人にとっての生きがいということになります。

生きがいが充実していれば、人生そのものが楽しいということになります。その時には、意識の中では仕事と遊びが一致しているのです。

野村監督は、そんな思いを込めて、そんなことも語ってくれました。そんな遊びと一致できるくらいに、遊びと同じような感覚で取り組めるくらいに、一生懸命に自分の仕事をまっとうしなさいと教えてくれました。

そういう気持ちになるためには、スランプや、成果が出ない時にも、意識は前を向いて、常に勉強して考えていこうという姿勢を持てということです。今の状態になるまでに何をしていけばいいのか。そのことを常に考えていかなければならないのです。

野村監督は、プロセスを大事にする人でした。そして、そのプロセスに意味があるのであれば、今の結果はよくなかったとしても、やがて花が咲くという考えでもありました。だから、「野村再生工場」で再生された選手たちは、そこまでの取り組んできた姿勢がよかった人たちなのです。

人間ですから、好不調があるのは当然です。そして、その時々に、どう考えてきたのか。どういう意識で取り組んできたのか。それを読み取っていたのです。だから、遊びであっても一生懸命取り組んでいくということも大事なのかもしれません。

もっといえば、遊びのように夢中で取り組めて楽しいと思えるような意識で仕事に取り組んでいけということでしょう。また、仕事が最高の状態にある時には、そんな遊びに夢中になっている時のような意識にもなれるのです。

23「防げる怪我と防げない怪我がある。大半が防げる」

故障で戦線を離脱している選手に対し、野村監督は、批判的なことは一切言いません。完治していない選手に無理をさせるようなこともありませんでした。

いない選手のことを言ってもどうしようもないと、指揮官として割り切っていたのだと思いますが、

「怪我は仕方ないけど、その前に予防しろ。防げる怪我と防げない怪我がある。大半は防げる」

と、口を酸っぱくして言っていました。

予防こそが怪我を防ぐ一つの手段であり、その予防とは体調管理や食生活のことであったり、試合や練習後のフィジカルケアでした。何の変哲もない、ごく当たり前のことですが、そういった地味なことの積み重ねが大事であって、それが続けていけるかどうかも、人間形成につながっていくことなのでしょう。

後年、野村監督はテレビ番組の企画で伊藤智仁元投手と会談しています。伊藤投手はプロ入り1年目の1993年、150キロ強のストレートと切れ味バツグンなスライダーで三振の山を築いていきました。前半戦だけで7勝を挙げる大活躍でしたが、故障で長期に渡る離脱に陥ってしまいました。勝敗に関係なく、伊藤投手はゲームセットの瞬間まで独りで投げ抜く力があったので、おのずと他の先発投手よりも投球数が多かったのも本当です。その後、

クローザーとしても実績を残しましたが右肩痛を再発し、現役生活にピリオドを打ちました。そんな伊藤投手の野球人生に対し、野村監督が「申し訳ない。自分のせいで」という気持ちを伝えるのが番組の主旨でした。

野村監督がもっと伊藤投手を活躍させてやりたかったと思う気持ちには、嘘はないはずです。伊藤投手は野村監督を恨みに思っていないこと、後悔していないことも伝えていました。僕自身も怪我の経験があるから分かりますが、投手とは、先発したら、最後まで投げたいと思うものなんです。先発、中継ぎ、クローザーの完全分業制が定着した今のご時世とはマッチしませんが。

プロ野球選手はいつか現役を辞めなければなりません。それが早いか遅いかの違いこそあれ、僕だったら、使われないで消えることがいちばんイヤです。どちらが良いかと言えば、たくさん試合に出て投げて、完全に使い倒されてぶっ壊れてやめるほうが良いと思っていました。あくまでも僕個人の考えですが……。

エースとは――。

野村監督はチームを一つの組織として見ていて、エースとは、「チームの危機に瀕した状況を救ってくれる存在」だと言っていました。勝敗以上に大切なことがあり、「チームの鑑(かがみ)

であること」を挙げていました。

組織において、鑑になるような存在とは、他の選手に信頼されなければなりません。勝つことで信頼を積み上げることもありますが、防げる怪我として、普段からしっかりとフィジカルケアをやっているのかどうか、そういう行動は同僚からも見られています。つまり、「練習の時はもちろん、私生活までみんなに見られているからしっかりしなさい」ということでしょう。

「不測の事態をいつも頭の中に入れておき、そのための準備を怠るな」

そう選手に諭すことを忘れませんでした。これは野球界に限らず、一般社会においても必須の心構えだと思います。

野村監督は、「プロセスを大事にしろ」と繰り返し伝えていました。人事を尽くして天命を待つ。

相手チームに対する研究はもちろんですが、自身の体調管理は万全なのかどうか、野村監督のプロセスを大事にする、準備を怠らないという教えには、組織における自身の評価を高める方法も秘められていたような気がします。

24「データを活用せよ、試合に生かせるデータ収集を考えよ」

チームの中で、スコアラーのあり方を変えたのも、野村ＩＤ野球でした。

野村監督はデータ（情報）をことのほか重視しました。そのため、スコアラーが重要な役割を負うようになりました。これまでは相手のデータを収集する重要な仕事でしたが、野村監督が就任されてからは、さらに重要視されるようになりました。それはカウントごとのデータ、走者なしか、走者一塁の時のデータ。走者が二塁にいる時のデータ……。と、それぞれを細かく分析していくのでした。だから、スコアラーも、それに合わせた情報を提供しなくてはいけませんでした。そのため仕事量も増え、集めてきたダータを分析、解析して、それを選手に伝えるところまでをやらなければならなくなりました。

本当のデータ、情報というのは、その情報を求めている人に対して有意義なものでなくてはなりません。

「頭を使え。頭を使って、正しい努力をしているのか。データを活用せよ。試合に生かせるデータ収集を考えよ」

このことも、よく言われたことでした。ただただ、何も考えないで練習していても意味がないということです。

「試合で失敗したことは、練習で修正しなくてはいけない。それを理解するためには、頭を使え」

だから、頭を使えない選手、自分で考えられない選手というのは、野村監督にとっては「起用しづらい選手」ということになります。カンだけに頼ってプレーしていては、それまでのことでしかないということなのです。

そして、頭を使うための要素、考えるための要素として、データ（情報）があるのです。まさに、今の世の中はプロ野球だけではなく、あらゆる分野で情報戦が繰り広げられていきます。情報が大事なツールになってきます。たとえ環境に恵まれていなくても、たとえ能力としては劣っているとしても、上手にデータを生かして、どこに何が必要なのかということを理解していけば、そこに勝機が見いだせるということではないでしょうか。

野村監督が就任した当初のヤクルトは、まさにそんなチームでした。

野村監督はよく、ミーティングで僕たちに対して「とは論」を説いていました。「とは論」というのは、「野球とは……?」「打撃とは……?」「投球とは……?」のことです。

これに対する答えとしては、やはり僕たちにもしっかりとした引き出しがないといけません。それは、個々にとってのデータという裏付けでもありました。そして、改めて考えると、野球に限らず人として生きていくことに対しての考え方にもつながっていくのです。

「仕事とは……」「人生とは……」「生きがいとは……」

こうしたことを一つひとつ、自問自答してみてはいかがでしょうか。そして、その問いに自分の言葉で答えていくことにより、自分自身の人としての幅も広がっていくはずです

25 「お前がど真ん中のストレートを投げて打たれても、怒らん。怒るのはストライクが入らないからや。結果を考えずにど真ん中に投げろ!」

ボヤくという表現でよく、野村監督のいろいろな言葉が紹介されていました。そんなイメージが先行しているところもありますから、野村監督は常にボソボソと小言を言っているので

はないかとも思われがちでした。しかし、本当に野村監督が選手を叱るのは、何も考えずに「なんとなく」でプレーした時でした。

あとは、「なぜ、あの球（球種）を選択したのか」を問いただすわけです。それがボヤキと言われていたようです。

「どうしてそうしたのか」という根拠を突き止めているのです。だから、力負けをした場合には、「それが、オマエの今の実力や」ということで収まります。そして、次に求められるのは、その実力を上げていくにはどういうことをしたらいいのか、それを追求していくのです。

そうして、一つひとつのことを理詰めで突き詰めていくことになるのです。だけど、それは言われている当人にとってもさほど苦痛ではありません。というのは、それは明らかに理由が自分でも分かるからです。

人は、理由なく怒られることには嫌悪感を抱きます。しかし、原因や理由が明快な場合には、そうはなりません。もっと素直な心で「聞く耳」を持つことができるようになるのです。

野村監督は、その「聞く耳」を持たせることの天才でもありました。

セールスポイントを一つ以上持っていること
野手＝足が速い　肩が強い　守備がうまい　長打力がある　勝負強い
投手＝球が速い　コントロールが良い　左投手は有利　鋭い変化球を1つ以上持っている　打者を打ちとるコツを知っている
その他＝リーダーの素質がある　勉強家　マジメな性格　人間関係が上手
秀でた武器をもっていると相手のマーク度が高まる。それを武器に有利に自分のペースに巻き込んで戦える。弱点も生かせる好循環となる

（野村ノートより）

ヤクルトの山田勉投手は当時全盛期だった佐々木主浩投手ばりの重いストレートが魅力でした。しかし、山田投手には制球力に苦しむところもありました。そのことを意識するあまりに、さらに制球を乱していくというのが難点で、崩れることもあったのです。

そんな山田投手を一喝した野村監督の言葉は重みがありました。欠点を無理に修正していくよりも、特徴や持ち味を生かす。そういう指導法でした。

「お前がど真ん中のストレートを投げて打たれても、怒らん。怒るのはストライクが入らな

いからや。結果を考えずにど真ん中に投げろ！」

26「失敗を生かせ。原因究明に全力を注げ。そして二度と繰り返すな」

「失敗と書いて成功と読む」

これは、野村監督がミーティングでは何度も何度も用いていた言葉です。他のところでは「成功」を「成長」と言い替えて話をされたこともあるみたいですが、僕の中では「成功」で認識しています。

失敗をするということは、必ず、その原因があるわけですから、失敗した原因、上手くいかなかった理由を見つけることができたら、それは成功への第一歩かもしれません。

昔から「失敗は成功の元」などという言葉もあります。

それは投手であれば、「なぜ、あそこに投げてしまったのか？　なぜ、打たれてしまったのか？」というケース。単純に、コースが甘かった。球の切れが良くなかった、ということもあるかもしれませんが、そうなってしまった原因というのは、必ずどこかにあります。

野村監督は常に、そのことを徹底的に追求してきました。

例えば、内角に投げ込んだ渾身のストレートを打たれたとします。打たれた本人としては、相手にドンピシャでタイミングを合わされてしまったと思うこともあります。しかし、野村監督は違います。

何をどこへ投げたのか。どうして、その球を選んで投げたのか。その意図は何だったのかということを一つひとつ分析していくのです。そうすると、自分が内角ストレートを投げてしまったことの失敗の原因が見えてきます。

「相手はホームランバッターや。ホームランバッターというのは、いつもホームランできるボールを待っとるんや、そこへ内角ストレートのストライクを投げていったら、『待ってました』ということになるやろう。あの時ボールカウントはいくつだったんや。まだ一つ、ボール放ってもよかったんじゃないか」

というように、一つひとつの場面を細かく質問していきます。

「内角へストレート放るんやったら、ボール球でええやろ。ボールを振ってきたら儲けもんや」

こうした失敗の原因究明こそが、野村監督の考え方、指導法でもありました。

敗戦や失敗から教訓を学ぶこと

・敗戦や失敗から学び続ける限り成功へ近づける
・敗戦や失敗は反省心、屈辱心を高め次に生きる
・失敗から成功へのノウハウとすることが肝心である
・失敗を遠ざけるものは成功をも遠ざける
・失敗を生かせ!!　原因究明に全力を注げ。そして二度と繰り返さないよう努めよ
・反省とは過去にむかってやるものではなく未来に向かってやるもの
・成功は次の成功の呼び水。失敗は次の成功の足がかり
・人間がつまずく時は大抵、自分の弱点でつまずく
・失敗する怖さよりいい加減にやって成功することの方がもっと恐ろしい
・人の値打ちは失敗するかしないかではなく失敗から立ち上がれるかどうかで決まる
・失敗で駄目になった人より成功して駄目になった人の方が多い
・失敗には致命的失敗と発展的失敗とがある

その他

精神面の強化は多くの修羅場をくぐり本当の苦労をしないとできない。極限の状態で試合をしなくてはならないことが度々ある。当然、精神力のたくましさが要求される。それには極限の状態での試合を経験し普段から「疲れたあとのひとふんばり」などの訓練で強化を図っておく。

［訴えたかった事柄］

1　自らを革新し続ける姿勢を失ってほしくない
2　「プロ意識」を持ち続け精神構造を整えること
3　「可能性」に対しての考え方を正しく理解してほしい
4　プロセス重視の取り組み方で行動してほしい
「結果主義の人」→結果がでないと生きがいを感じなくなる。生きる意欲をなくしたり、なんとなく心が重くなる

（野村ノートより）

この、敗戦や失敗から教訓を学ぶこと、を課題として努めていけば、失敗を恐れないでい

ろいろ試していく勇気も湧いてくるのではないでしょうか。また、この考えも職業の垣根を取っ払って万人に共通する自己を磨く手段ではないでしょうか。

27「ちょっとした知識、集中力、判断力の基となる基本プレーが重要である」

野球には、1球ごと、1打席ごと、攻守交代のイニングごとに「間」が生じます。「頭を使え」「野球は頭を使うスポーツだ」が口癖だった野村監督は、なぜあの時、あの場面で失敗したのかを僕たちに問い、考えさせる習慣を付けさせました。同時に、この野球というスポーツの中にある「間(ま)」を、考えさせる時間にさせました。どんなに忙しい人でも考える時間が作れるはず。この考える間が人を成長させ、準備する心を生み、次のプレーへの集中力へとつながります。

野球を考える

「野球とは」

1　「考える行為」（頭脳）と状況判断の二大要素からなる
アイデア＝攻略法、技術面の工夫、読み、カン
状況判断＝準備、（予測）、感性（センス）、習慣
（判断力）本能的、直感的なものと経験や感性から出てくるものとがある
〝野球は頭のスポーツである〟

2　頭を使え‼（考える、感じる、振り返る〈反省〉）
素直さ↓反省＝謙虚さ＝貪欲さ　羞恥心
・技術的限界を超越した段階
・潜在能力の引き出し方（データ活用）
仕事の明確さ＝監督は自分に何をしてほしいのか＝相手が何をイヤがるか
・状況判断する習慣

（野村ノートより）

野村監督はセ・リーグの野球を大きく変えました。たとえば、走者一・三塁の場面でエンドランのサインを出したり、投げるほうでは打者1人に対戦するだけのワンポイントリリー

フを投入したりしていました。今ではこうした攻撃の作戦は当たり前のように使われていますが、ヤクルトでそれを用いた時は、奇策のように伝えられました。僕はピッチャーなので攻撃のことは詳しくありませんが、野村監督は走者のスタートを切るタイミングをほんの少し変えるなどし、相手投手を撹乱させていました。

何が言いたいかというと、野村監督は奇抜なことをやっていたのではなく、現役時代からこれまで経験され、見てきたことを「メモ」に残し、それをもとに作戦を立ててきたのです。対戦チームの投手のクセ、「この投手は2球続けて牽制はしてこない」などの傾向も調べていました。

メモを取り、相手を知ることは知識であり、大きな武器となります。それがデータとなり、蓄積されていきます。それを見返した時、さまざまな作戦がひらめくのでしょう。

練習は「実戦を意識しろ」と言われていましたが、何か変わった練習メニューをやっていたわけではありません。

「ちょっとした知識、集中力、判断力の基となる基本プレーが重要である」と教えていました。

28 「『人間だからミスもする』という甘い考え方に逃げるな。『プロだから失敗は許されない』という考え方のどちらが大切かは言うまでもない」

何も考えずに投じたボールを痛打され、監督だった野村監督に1時間以上もお説教を食らった僕自身の経験は、さきほども書きましたが、考えることを放棄したうえに冒すミス同様、野村監督は、本来なら防げるはずのミスをしてしまうことを嫌っていました。

「『人間だからミスもする』という甘い考え方に逃げるな。『プロだから失敗は許されない』という考え方のどちらが大切かは言うまでもない」

として、次のようなことを教えたのです。

戦いは理を以て戦うことを原則とする
世の中に存在するものすべて理がある
・野球は状況判断と応用力からなる　応用は定理、原則で解く（理にかなっているかど

うかは判断力に役立つ）

〝真理は少数派なり〟と言ってただ漠然とカンだけを頼りに戦っていてはいけない

・敵を知り己を知ることから戦略戦術は生まれる

・セオリー　すなわち確率の高いものを選択し状況の変化によっては「ヨミ」、「カン」、「奇襲」を入れながら対処していく

・データを活用せよ。試合に生かせるデータ収集を考えよ

（野村ノートより）

このように野村監督は理路整然と解説してくれました。僕としては、うなだれながらも素直に聞き入れるしかありませんでした。

29「チームとは個々の相互理解を促す集合体である」

野球も会社も、人との関係なしに生きてはいけません。目的を達成するためには、お互いを理解し合うことが大切でしょう。どんな時に結束が強まり、どういう心構えでいれば円滑

に進むのかを考える必要があります。「野村ノート」にはこう書いてあります。

チームとは何か

1 個々の相互理解を促す集合体(団体)である。

↓

相互理解を促すための3条件。

a 人間関係は分かりにくいと覚悟する。

b 関係が深くなるにつれ、ひび割れが生じやすい機微を知っている。

c 相手をよく理解し、自分を相手に理解してもらえるように努力する。

2 それぞれの能力、個性、適正を考え、立場を尊重し合って保たれる。

3 連帯しているから協力するのではない。協力するから連帯するのである。

(野村ノートより)

チームは勝利を目指して戦います。その時、個人のエゴは邪魔になります。たとえば、無死二塁でクリーンアップ以外の選手が進塁打を打てないと、野村監督はよくボヤいていました。27個のアウトを有効に使う。たとえ三振しても、何球もファールで粘れば評価されます。一つの凡打にも内容やプロセスを重視されました。

才能、素質はあって当たり前なのがプロです。しかし、試合に使われないまま消えていったり、チャンスに恵まれなかったり、自分の才能に気付かず間違った努力をしていたりする選手は数え切れないほどいます。

野村監督は小柄な選手がホームランを打っても、決して褒めませんでした。それどころか、「勘違いするなよ」とすら言っていました。自分の生きるべき道から逸れてしまえば、最終的に困るのは選手だと分かっていたからでしょう。

普段は厳しい野村監督ですが、選手の特徴を最大限に生かそうとしていたことは間違いありません。前任の関根監督時代に正捕手だった秦真司選手を「アイツの打撃センスは目を見張るものがある」と外野にコンバートしました。飯田哲也選手は肩の強さと俊足を買われて、野手に転向しました。土橋勝征選手も、外野から内野に転向しました。

僕もまだ若かったですし、自分のことで精一杯で、野手のことを気にする余裕はありませんでした。しかし、時が経ってみると、飯田選手がセンターにいるといないでは安心感が全く違うのです。脚力を生かしたファインプレー、強肩に幾度となく助けられました。

秦さんも、1992年の日本シリーズ第6戦では西武の潮崎哲也さんからサヨナラ本塁打を放つなど、勝負強い打撃で何度もチームを救ってくれました。土橋さんもユーティリティープレーヤーとして重宝され、バットを短く持って、相手に嫌がられるバッティングに徹しました。

1995年に優勝した時、野村監督が「陰のMVPだ」と話したこともありました。コンバート自体はよくあることですが、これほど配置転換がハマったチームは珍しいのではないでしょうか。

それも、上司である野村監督が「適材適所」をモットーに選手一人ひとりの特徴や個性を見抜き、それを生かしたチーム作りを目指していたからこそ、〝個々の相互理解〟が促されたのだと思います。

30 「相手がどうみても『自分よりも上だ』と感じた時は、それを素直に認め、行動する」

上司という立場になれば、「今の若いヤツは」と愚痴を言いたくなるでしょう。優秀な成績を残した実績のある人ほど、そう思ってしまう傾向はあると思います。

野村監督は戦後初の三冠王、8年連続ホームラン王などプロ野球史に名を残す選手でしたから、過去の栄光にとらわれてもおかしくありません。しかし、決して「昔はこうだった」という自慢話はしない人でした。

時代とともに野球は進化していくと考えており、「監督の自分にできることは何か」と〝今〟に目を向けていました。そして、相手が上だと感じた時には、素直に認める潔さがありました。

その象徴が、1995年の日本シリーズだったと思います。

この年、前評判では巨人が独走すると見られていました。1994年に中日との「10・8決戦」を制して、日本シリーズでも西武を破った巨人は、オフにヤクルトから広沢克己さん、ジャック・ハウエル、広島から川口和久さん、メジャーリーガーのシェーン・マックなどを獲得。俗に言う「30億円補強」を敢行していました。

一方、ヤクルトは主力打者二人が抜け、代わりに阪神からトーマス・オマリー、ロッテからヘンスリー・ミューレンがやってきました。二人が加入したものの、大方の評論家は、Bクラスに予想していました。

野村監督は巨人に対して「優勝は金で買えるんか」とボヤきつつも、「今年ほど監督の手腕が問われる時はない」と燃えていました。

「相手がどうみても『自分よりも上だ』と感じた時は、それを素直に認め、行動する」

野村監督はそんな言葉を使って選手を奮い立たせました。

野球は団体競技である

組織　すなわちチームとはどういうものかを理解した上で戦う

チームとは、個々の相互理解を促す集合体である

個人の能力、個性、適性を考え、全体としてまとめながら持ち味を出しつつ戦うものである

・野球とチーム状態を理解した上で選手として生きていく方向を考える

・二分法思考（分類方的思考）

善か悪か、保守的か革新的か、利己的かそうでないかなどをすべて二分した上で考えてみる

a　さっさと分類してしまって、物ごとを観察したり、話を聞こうとしなくなったり

b　無理解　同じ型にはめる
c　成長のための新しい経験に心を開く能力をおさえてしまうより高度な思考、研究などの障壁となり自分の能力を制限することになる
d　大切な好奇心や開放的な考え方をしない、精神的、感情的成長も抑制してしまうこれらと反対の思考の持ち主を多くの人が二分法的思考をもつがこの考え方を超越して全体的な考え方をする方向で努力すること

（野村ノートより）


パ・リーグでは、前年にシーズン210安打（当時の日本記録）を放ち、大ブレイクしたイチローを擁するオリックスブルーウェーブが優勝しました。

日本シリーズでマークするのは、当然イチローです。

シーズンの直前合宿でも、入念に対策を練りました。イチローが打てば、球場全体が盛り上がり、チームのムードも上がっていく。まして相手の本拠地・グリーンスタジアム神戸からの開幕でしたから。

バッテリーミーティングでは「極秘」と書かれた資料が配られました。

そこには、野村監督はイチローの右足を振り子のように動かす打法を指して、「あの打ち方だと、インハイ（内角高め）は打てない。インハイで勝負しろ」と言っていました。

でも、野村監督は、イチローの攻略法は極秘事項と言っておきながら、新聞、テレビに「インコースを攻める」と公言したのです。

僕だけでなく、チーム全員が驚いたと思います。

マスコミを使ってイチローの心理状態を揺さぶったのでしょう。

野村監督は〝情報漏えい〟を気にするどころか、今度は僕たちの前でこう言いました。

「イチローも絶対に新聞を見ている。だから、お前たちはアウトコースで勝負しろ」

野村監督のささやき戦術の効果はテキメンでした。1戦、2戦とイチローはインコースを意識しすぎたのか、明らかにいつものスイングではありませんでした。ヤクルトが2連勝し、3戦目、イチローにクリーンヒットを食らいましたが、3連勝で日本一に王手をかけました。

4戦目の先発は僕でした。やはり、マウンドから見ても内角を意識しているように感じられました。

この監督についていけば強くなれる——。就任1年目から、野村監督はそう感じさせてくれました。6年の積み重ねがあったので〝極秘資料〟をテレビで喋って、直前に攻略法を変えても、「そういう戦略があるのか」と納得できたのです。

試合は1対0のまま進み、僕は9回のマウンドに上がり、同点ホームランを浴びましたが、実を言うと、僕は6回から「もう交代させてくれ」と訴えていました。試合前、「5回までいい」と監督やコーチから言われていたからです。その後も連打を浴びて降板しました。

シリーズ終了後、野村監督が、

「川崎で負けてもいいと思った。完投して勝てばものすごい財産になる。負けても、自信がつく。川崎は育ってもらわなければならない逸材だ」

と語っていたと知りました。

普段は怖いけど、本当は情に厚い人なのだなと感じました。

31「ピンチでまずやること。『今、自分にできることは何なのか』『こうすれば切り抜けられる』『あとは神に委ねる』」

いざ、ここぞという時、上司は部下にどんな言葉をかけると効果があるのか――。そんな悩みを持つ人もいるかもしれません。経験を重ねてきた人生の先駆者として、どう動いて人を納得させるか、ここに上司としての信頼につながる真価が問われることは言うまでもありません。特にピンチになればなるほど、そうした信頼している人のアドバイスはとても大きな力を与えてくれます。

もう一度、1993年の西武VSヤクルトの日本シリーズ第7戦の登板を振り返って検証してみたい。野村監督は、緊張のあまり胃が痛くなり、吐き気を催した僕に「いつも通りに」と声をかけ送り出してくれました。思い返してみれば、前年の日本シリーズはケガで1試合も登板できませんでした。あの悔しさを考えれば、勝負を決める第7戦に投げられて、どれだけ幸せなことか……。野村ノートには、こんな言葉があります。

ピンチでまずやること。

「今、自分にできることは何なのか」……冷静に考える。

「こうすれば絶対に切り抜けられる」……信念を持って、自分を信じて臨み、やれることを確実にやる。

「あとは神に委ねる」……最後は割り切って、対処に全精力を注ぐ。

ピンチに立った時の道は二つ。
逃げようとする道
立ち向かっていく道……これこそ人間の道なり。

（野村ノートより）

僕も自分を奮い立たせ、全力投球してダメなら仕方ないと覚悟を決めました。

この試合、7回途中まで投げ、先発投手の役目は務めたつもりです。

その後、クローザーの高津臣吾さんが締めて、キャンプから目指してきた日本一になりました。私事ですが、シリーズのMVPまで受賞できました。試合後、野村監督の「シリーズは川崎を軸にローテーションを組めば良かった」というコメントを聞いて、信頼を回復できたなと嬉しくなりました。何よりも「準備」を大切にし、勝負に至るまでのプロセスを重視してきた監督が、第7戦の試合前に「時の運」と声をかけてくれました。野村さんが言うからこそ、「監督でも運命に身を任せるほどの心境なんだな」と開き直れました。

普段、入念な準備を重ねる上司であれば、本当に大事な時の言葉が、自然と部下に効くものだと思いました。

また、野村監督は各投手に次のような心構えを説き自覚を促していったのです。

［投手編］
（ピッチャーにとっての必須条件）

1 強靭な肉体（腕、腰、背骨、腹筋、バネ、握力、瞬発力、耐久力など計画的に強化、調整する）
2 強い精神構造を備えている（自己）
3 バント能力も必須条件である
4 運動学、心理学を勉強する
5 勝敗のカギの80％を握っている。すなわち責任感、使命感を重要とされている
6 コントロールのない投手は投手ではない
7 80％の打者が「バッティングはタイミングが大事」と答えるであろう。したがってタイミングを崩す能力が要求される
8 セットポジションで隙を見せないこと（クイック打法）
9 1つ以上秀でた球種を持ちまた細かいコントロールを持っている

（野村ノートより）

32「高山の嶺には美木なし」「どん底に陥ったからこそ、得られるものがある」

仕事の成果が出ないと苦しいですが、成功を一度収めると、次はそれが当たり前となり、周りの期待度はどんどん上昇します。そんな時、どうすればいいのでしょうか。

1993年9月、中日とデッドヒートを繰り広げていた時、野村監督は、「高山の嶺には美木なし」と報道陣に話したそうです。山の頂上は自然の猛威にさらされて形のいい木がない。つまり、首位をキープする苦しさを表した言葉です。

この年、ヤクルトは2連覇を果たし、15年ぶりの日本一に輝きます。すると、野村監督はまた同じ言葉を使いました。頂点に立てば見晴らしはいいが、風当たりは強くなる。ペナントを制すれば、他チームは「打倒・ヤクルト」に燃えます。エース級をぶつけるようにローテーションを組んでくる。

それに打ち勝つために、どうするべきか。

「大同小異」の「小異」を大事にしなさいと説かれました。この頃、プロ野球の誕生から約50年が経ち、サインプレーやフォーメーションなどの作戦面は出尽くした感がありました。「大同」という大きな部分は同じなので、勝負の決め手は「小異」、すなわち小さな部分に宿る。「小異」とは、目に見えないデータの生かし方や分析の仕方だったり、普段から問題意識を持つことだったりしたわけです。

また、ケガで試合に出られなかった1992年、僕は不安に苛まれました。本当にヒジは良くなるのか。二度と自分の思い通りのボールが投げられないのではないか。野球ができない自分は何の価値もないんじゃないか。どんどん悪い方向に考えてしまうこともありました。

そんな時、野村監督の言葉を思い出したり、苦労を知ったりすると、リハビリ中も「この経験が必ずプラスになる日がくる」と心の支えになりました。ケガをしたことで、裏方さんの大切さも身に染みて感じました。

一軍で全く戦力になっていない僕の練習に付き合ってくれる。感謝の気持ちが芽生えてくるのです。

オフに地元に帰る時も、違う感情が生まれました。

今までは活躍しての凱旋(がいせん)でしたが、何の仕事もしていない自分に周りがどう接するのかと考えを巡らせました。それでも、友人たちは例年と変わらない対応をしてくれました。すると、心から「ありがとう」と言えるのです。

年が明けて、キャッチボールができるようになると、それだけで喜びがあった。ケガをしたことで、今まで当たり前だったことが、どれだけ幸せかに気付いたのです。

僕は右足首の捻挫によって、軸足に力が入らなくなり、入団3年目までのような切れのある速球は投げられなくなりました。

しかし、ケガをしたことで感性が磨かれ、チームにとって今の自分が何をできるかを考えられるようになり、打者との駆け引きにも役立ちました。

「どん底に陥ったからこそ、得られるものがある」

そう学べたことは、引退後の人生にも大いに役立っています。

第四章　継続する力

33 「『自分はこうなりたい』と強く決心すれば、目的意識を持つことができる」

努力の方向性

1　グラウンド外で毎日の日課をつくる

（人が休んだり遊んでいたりしている間に差を縮め、弱点の克服に努める）

今日グラウンドであったことからテーマを見つけたりいい感触を発見するための努力をする

明日の試合のための準備をする

データ分析、対策法、練習メニューを考える。前の対戦の記録を呼び戻す　他

野球論　すなわち基本論　他　意識を高め自分の理念、理想、哲学を持つ

2　野球以外の世界に目を向けることも忘れず　自分の野球との関連を考える。

時代の変化、社会情勢、共通性、参考になることなど

3　性格面は短所は忘れ長所を生かす。技術面では長所は忘れ短所を鍛える

4　その他心理学　運動学など問題は山積み。問題意識を持ち続けること。行動力の原点は考え方にあることを肝に銘じておくこと。能力は行動力で表し行動力は考え方に影響が大である

［考え方］

意識が変われば行動が変わる
行動が変われば習慣が変わる
習慣が変われば人格が変わる
人格が変われば運命が変わる

（野村ノートより）

この意義、行動、習慣、人格については、野村監督がミーティングでよく使われていた言葉です。

あらゆることの真理ではないかとも思える言葉でもあります。

その最初に挙げられたのが、心が変わるということなのですが、そこにはまず自分の目指す姿をしっかりと心に描けということでもあるのです。

そして、

「『自分はこうなりたい』と強く決心すれば、目的意識を持つことができる」

そして次のステップに進んでいける、と野村監督はそう説いたのです。

なりたい自分になるために、次へ向かってどういう姿勢でいればいいのかということで態度が変わります。態度が変われば、自然と行動も変わっていきます。

そして、行動を変えて継続させていくことで、それまでの習慣も変化させていくことになるでしょう。以前にも記しましたが「変化は進化でもある」のです。だから、その変化によって自分の人格も変わっていくことになります。それによって継続する力を生むのです。

こうして、人格が変わっていくことで、その人間の運命も変わっていくという連鎖を生んでいくことになります。

改めて、この言葉を噛み砕いてみると、心を変える最初の取り掛かりの大事さを認識させられます。そして、その心を変えていくための最大の要素、それは、「どんな自分になりたいのか」ということになっていくのです。

どんな人間になりたいのか、将来の自分の像が見えてこれば、そこへ向かって進んでいくだけです。

　そして、そこにあるものは人間としての成長です。野村監督は、野球を通じて人間的な成長を求めていました。

　これも、野村監督の人材育成方法としての一つの哲学だったのです。

「好きな野球で向上心を持てないようでは、人間としての成長はない」

　野村監督の人間教育の手法としては有名なのは、「無視」、「称賛」、「非難」です。

　無視されているようではダメだ。成長して称賛されるような武器を持たなければならないとし、また、称賛されているようではまだ甘いとも言っていました。非難されるのは期待されている証拠、非難されるくらいにならなければいけないということでした。

　また、楽天監督時代に田中将大投手に対しては「マー君神の子、不思議な子」などと持ち上げていました。

　しかし、厳しく叱る場面もありました。プロの世界で生きていくには何が足りないのか、そのためには何をやらなければならないのか、しっかり見えてきてから厳しく叱っていたように見受けられました。

　こうして人は成長していくのでしょう。

34「『ヒラメキ』は知識の裏付けがないと、単なる空想で終わる」

野村監督は練習中の選手に対してのものの言い方としては、何をどうしろと言うことはありありませんでした。それよりも、印象に残っているのは、「どうだ?」の言葉でした。

「……してみたらどうや?」

「こういう考え方もあるんやけど、どうや?」

つまり、常に問いかけてきているのです。自分自身で考え、最終的には自分の判断、自分の決断ということになるのです。

それは、常々、野村監督が言われていた「根拠のないことはするな」ということにもつながっているのではないかと思います。

根拠のないことは「ヒラメキ」の行動です。

鋭い勘を日頃から鍛えておく

・「ヒラメキ」も知識の裏付けがないと単なる空想に終わる
・状況、情報に対し、3つの感を養うこと
1　感＝豊かな感性、秀でた感覚、直感力を養う
2　勘＝第6感、体験や知識や執念が察知する能力を高める。ある程度、本能的なもの、冷静さの中から生じやすい
3　観＝物事の観察力、全体を見つめる大局観、全体論的見方からみた位置づけ

（野村ノートより）

根拠のあることに基づいたヒラメキであれば、それは次からは自分のものとなっていくのです。野村監督はヒラメキの根拠を作るためにも、本を読んで幅広い知識を自分の中に養っておきなさいとも述べていました。多くの引き出しを用意しておきなさいということなのです。

野村監督曰く。

「『ヒラメキ』も知識の裏付けがないと、単なる空想で終わる」

ヒラメいたことを現実に実現していけるかということでは、その後の結果が全く違ってきます。

「野球は頭のスポーツだ」。野村監督はよく口にしていました。

考えることは、感じることです。そして、感じることで覚えていくのです。そうした繰り返しで人間は成長していきます。

35「人間がつまずく時は、大抵は自分の弱点でつまずいている」

どんな一流選手にも好不調の波があります。調子がいい時は、自分でも驚くくらい、上手くいくこともあります。だけど、多くの場合、調子がいい時というのはそれほどあるわけではないのです。むしろ、調子が悪い時の方がはるかに多いのです。

そこで、調子が悪い時にどうするのかを意識するようになるのです。考えるという習慣が身についてくると、その調子の悪い時こそ、それを克服していくことにある種、別の向上心も芽生えてくるものなのです。

そして、そんな時に気がつくことがあります。野村監督は言いました。
「人間がつまずく時は、大抵は自分の弱点でつまずいている」

・弱点の対策＝相手は常に自分の弱点を攻めてくる　チーム、各個人みな弱点を持っているはず
常に最悪を想定して対策を練り備えておく
・弱点の克服法
1　弱点を攻めてくることを想定してその対処の仕方の原則に則り備える
2　練習や経験の中でイメージトレーニングを入れながら、頭や体に覚えさせ対応力の強化に努める
3　自分の弱点の矯正に努め無くする努力を日頃からしておく
4　相手にいかにして自分の弱点を自分でマークしていることを強く示すことで相手を威嚇する手もある

（野村ノートより）

日常の中で自分の弱点を意識することができれば、どんな場面であっても、パニックに陥

るのではなく、まずどうするのか考えていくということになります。それだけ、冷静に見つめることもできるはずです。

こうして、心に余裕が出てきます。余裕ができれば、落ち着いて考えられます。

「今、自分の何がよくないのか」

冷静に見つめ直すことができるようになります。

こうして書いていくと、当たり前のことのように感じるかもしれませんが、いざピンチの時、いざ、苦しい局面になった時に、本当に冷静に平常心でいられるのかどうか。それは、なかなか難しいことでもあります。

だからこそ、常に考える習慣を身に付けなさいと繰り返し、僕たちに訴えていたのだと思います。これが執拗(しつよう)なまでに、野村監督がミーティングで繰り返して僕たちに植え付けられたことでした。

そして、改めて人間がつまずくケースというのは、大抵の場合、自分が気にしている弱点からであるということに気がつくのでした。

「監督とは、気付かせ屋でもある」

改めて、野村監督の言葉の意味の深さを感じています。

36「自信を持つということは戦う上で重要だが、至難の業でもある」

勝負の世界では、もちろんのこと、どんな世界でも「自信を持つ」ということは、大きな武器になります。しかし、簡単に口では「自信を持ってやれ」と言われても、本当の自信を持って挑めるかどうかは、やってみないと分かりません。

実は、そのことも「野村ノート」から学ばされたことでもありました。

ヤクルトでのキャンプのミーティングでは、野球の技術的なことそのものよりも、先にこのようなことを話していました。

常に自信（優位感）を持って挑む

自信を持つということは戦う上で重要なことだが、至難のわざである

準備を重ねていくうちに不可能が可能となってくる

自信には各自の考え方が性格によって変わる

〝過程が奇跡を生む〟

（野村ノートより）

それまで万年Bクラスであることに、いわば慣れてしまった僕たちヤクルト選手に向けて、何度も何度も言葉として刷り込んでいきました。

自信は、一朝一夕に身についていくものではありません。長い時間をかけて、結果を出していきながら積み上げていくものです。

それは、野村さんが監督に就任された90年以降、5位、3位、そしてリーグ優勝と、結果を残していきます。それまで万年Bクラスチームだったヤクルトが一つずつ階段を昇っていくことがその表れでもありました。

このことについて、野村監督はこう表現していました。

「1年目に種をまき、2年目に水をやり、3年目で花を咲かす」

これは、1992年にヤクルトスワローズが14年ぶりにリーグ優勝した時に、メディアを通じて発言された言葉でもありました。

これはまさに、野村監督が提唱してきた「ID野球」が花開いて、実を結んだ成果でもありました。それはまた、当時の僕たちヤクルト選手たちに目に見えない自信というものを与えてくれたのです。

自信を持つためには、やはり結果がついて来なくてはいけません。特に勝負の世界ですから、勝利という結果が、最大の自信になっていくことは確かなのです。

成功体験を得て、ここまでやってきたことにも自信を持つことができました。それは、投手として、新しい球を覚える時も同じです。もちろん、打たれたり、失敗したりしながら、身に付けていくのですが、「この球で抑えられた」という結果を得ることで、初めて自信を持てるのです。

野村監督は、組織としても個人としても、「自信を持つことの難しさ」を熟知していました。だからこそ、自信を持たせるための後ろ盾となり、結果を残すことにこだわったともいえるのです。

37 「失敗して駄目になった人よりも、成功して駄目になった人の方が多い」

野村監督は言うまでもなく、名将であり、超一流の選手でした。１９６５年に戦後初となる三冠王を獲得し、首位打者1回、本塁打王9回、打点王7回。MVP5回、ベストナイン19回、ダイヤモンドグラブ賞1回（現ゴールデングラブ賞）、日本シリーズ敢闘賞1回、正力松太郎賞……。その功績を挙げたら、切りがありません。

超一流選手の言葉ですから、説得力があります。しかし、僕たちヤクルトナインが野村教室の虜になってしまったのは、それだけではありません。

野村監督はテスト生から三冠王になった方なので、弱いチームを強くする過程もご存知なはずです。また、どん底から這い上がってきたので、いろんな立場の方の気持ちも分かるというか、さまざまな目線を持っていました。そして、野村監督が三冠王となり、球界を代表するスラッガーとなり、南海ホークスを優勝に導いた名将となっても、失わなかったものがあります。それは、幼少期に苦労されたことだと思います。

テレビ番組やインタビューなどでご本人も語っていらっしゃいますが、母子家庭で大変に辛い思いをされたそうです。野村監督がプロ野球の世界に飛び込んだきっかけは、南海ホークスの新人選手募集の新聞広告だったと聞いています。入団テストの告知でした。契約金ゼロ、テスト生なので入団しても出場のチャンスがもらえるかどうか分からなかったはずです。「プロ野球選手になって、お金持ちになって、母に楽をさせてあげたい」

その一心で這い上がっていった野村監督の努力には敬意を表します。何よりも、その過程で当時は誰もやっていなかった「相手ピッチャーのクセを盗む」という研究熱心さもあったそうです。

しかし、野村監督のすごいところは、スター選手になっても「忘れなかった」からだと思います。普通、自分が成功して、こんなにすごいスター選手になったら、そこまで這い上がるのにどんな努力と工夫をしたのか、忘れてしまうものです。忘れさせなかったのは、辛い思いをした日々が根底にあったからではないと思います。だから、野村監督の練習指導も〝独特〟でした。

「実戦を意識した練習をしろ。練習のための練習はするな」

当時、練習といえば、徹底的に、限界まで鍛え上げるというものでした。たとえば、中距離走の練習メニューが伝えられたとします。

「何本走るんですか？」

担当コーチにそう質問すると、「おう、死ぬまでやるぞ」と返ってきたものでした。スポーツの世界でよく使われていたのが「体で覚えろ」の言葉です。しかし、野村監督はそれを真っ向から否定し、「頭で覚えるんや！」と言っていました。

また、一般論として、プロ野球ＯＢの年長者の方々が現役選手を指導する際、「なぜ、できないいんだ？」というセリフを口にされます。野村監督は違う見方をしていました。底辺から頂点まで全ての過程を知っているからでしょう。自分が頂点まで上り詰めたとはいえ、自分自身ができたこと、できなかったこと、習得するまでに時間がかかったことなども覚えていて、自分ができても、他人ができないこともあれば、他人ができて自分にはできないこともある。そのことをよく分かっておられました。

こうした目線は苦労された頃の経験が根底にあって、それがぶれなかったからだと思います。成功をおさめて「自分はできる」と思ってしまえば、成長はありません。失敗して、次に同じ過ちを繰り返さないためにはどうすればいいのか、自分がワンランク上のレベルを習得するにはどんな練習をしていけばいいのか。

野村監督は、そうした人たちを例にとって、
「失敗して駄目になった人よりも、成功して駄目になった人の方が多いんだ」
と常に僕たちに言い聞かせました。

成功して安堵してしまえば、成長はありません。それはハングリー精神ということだと思

いますが、野村監督はその言葉を使いませんでした。「目的、目標」という言葉で、試合に勝つための準備、つまり練習の大切さを伝えてくれました。「目的意識をしっかり持て！」と言って、この練習は何のためにやっているのかを常に考えさせていました。野村監督は「目的」と「目標」は違うとも言っていました。

目的意識と目標意識を持つ事がもっとも重要である

（目的意識とは）

「自分はこうなりたい」と強く決心すれば、目的意識を持つ事ができる。目的意識は感情を安定した方向へ持っていくために重要。目的意識をはたすには仕事と使命感を一致させることによりできる。「自分は力がない」と思っている人は目的意識をもつことは不可能だ。目的意識は応用力を高めるのに役立つ。人間として意義と目的をもつことは重要である。目的意識のない人は次の通り。

・口実を用意する人に多い
・自ら向上への道を閉ざしている人
・生活が空虚きわまりない毎日となってしまう

・心が満たされていない
・外部からの指示によって生きている
・変化と失敗の恐怖をもっている
（現状のままなら責任は果たせても義務は果たせない）
・目的意識は行動リストの第一に置く事が重要
練習は手段にあらず。目的そのものである。目的のない練習は意味がない
行動は目的意識の強さに比例する
目標意識とは
大型目標　優勝から自分の位置づけをする。どんな選手になって役立つのか　シーズンを通じてベストの状態を維持できるように努力する
中型目標　技術を向上させ、個人記録を優先
小型目標　今日、どう戦う

・目標をもてない選手は進む道がわからないはず
・目標達成は一つ一つ確実に消化していく積み重ね主義

・目標達成のために計画、方法の検討を怠るな
・変化に応じて目標や戦略は変わる

（野村ノートより）

「向上心がなくなったヤツは終わりだ」
この言葉もよく口にされていました。ユニフォームを脱いでからもそんな話をされていたので、お亡くなりになるまでその気持ちを持っていらしたと思います。

38「充実感が持てれば、価値観も高まり、最後に悔いなく幸せになれる」

改めて言うことではないのかもしれませんが、プロ選手に「定年退職制度」はありません。自らが決断して現役に別れを告げるか、あるいは球団からクビを切られるか。常に怪我や故障のリスクを抱えていることもあり、プロ野球選手は「安定した仕事」とは、かけ離れた職種であることは確かでしょう。

仕事が楽しい、野球が好きだ、の才覚を持て
・常に冷静さとリラックスし、力まず柔軟な志向と的確な判断を持ってプレーする
・「野球が好きだ」の心境が本物で、そうなれば自然に意欲が湧き、真剣になれ義務感で動くことがなくなる。
・夢中になっている　真剣に野球を考えて、見たり、プレーをしたりしていると楽しくて仕方ないという状態になれば精神的にも肉体的にも最高の活動となっているはずだ
・仕事が最高の状態にある時、仕事と遊びは一致しているはずだ
・〝仕事をしている時が最高に楽しく幸せだ〟という心境になれば申し分ない

（野村ノートより）


僕の好きな野村監督の言葉の一つに、次のような金言があります。

「充実感が持てれば、価値観も高まり、最後に悔いなく幸せになれる」

これはどんな職業の人たちにも当てはまる〝心に響く言葉〟です。

ヤクルトから中日へとＦＡ移籍した後に迎える、僕自身のプロ野球選手晩年を振り返った時、とても苦しい日々ではあったけど、その中で「充実感」を得られたし、「価値観」の持

ち方も以前とは変わってきたし、最後は「幸福感」を抱いて現役生活に別れを告げられたな、という自負はあります。

中日に移籍した1年目のオープン戦で右上腕三頭筋に違和感を覚えて以来、原因不明の肩痛に悩まされ続け、3年間は一軍のマウンドに上がれないという、本当に苦しい、もどかしい時間を過ごしたのですが、「いつかまた一軍で投げるんだ」と強い思いを抱きながら、リハビリと、唯一の「やれる、できる練習」であるランニングに勤しむ日々は、自分の内面とも向き合う、貴重な経験になったことは間違いありません。

そういう日々が土台にあったからこそ、2004年シーズン開幕戦となる対広島戦のマウンドに上がった時は、結果はともかく、重大なミッションを達成した「充実感」を持てましたし、厳しくも、温かい目を向けてくれた周囲の方々に、心の底から感謝することができました。

中日のリーグ優勝が決まった翌日に行われた、引退試合となった同年10月3日のヤクルト戦も、強く印象に残るゲームです。古田敦也選手、宮本慎也選手、岩村明憲選手と、僕が在籍していた時代に、チームメイトとして共に戦った打者たちとの対戦となりましたが、ピッチングをしていて、「悔いなくやり切れたな」という「幸福感」のようなものに包まれました。この時、改めて野村監督に言われた言葉を思い返してみました。最後は、バッテリーを組んだ古田さんと抱擁を交わしたのですが、プロ野球選手としての僕は、本当に「幸せな結末」を迎えることができたと思っています。

39「誰でも何か才能を持って生まれてくる。生まれつきの能力に注意を払ってみろ」

野村監督のこの言葉で見事にその才能が発揮され結実した三人の選手のことを紹介してみましょう。

野村監督はキャッチャーだった飯田哲也選手（前ソフトバンクホークスコーチ）を外野手にコンバートしたのは有名です。その後、守備のスペシャリストを意味するゴールデングラブ賞を受賞したように、飯田選手にとってはもちろん、チームにとってもなくてはならない存在になりました。

90年代の常勝ヤクルトのキャッチャーと言えば、古田敦也さんです。その古田捕手を軸にして当時のチーム状況を振り返ってみると、「適材適所は能力（才能）にも勝る」なる野村監督の言葉があてはまります。

古田捕手は野村監督の就任された90年シーズンの途中から正捕手となりましたが、その正捕手争いに加わらず、外野手に転向したのが飯田選手であり、もう一人は秦真司選手です。

野村監督は、彼の打撃練習を見る度に、

「教科書に載せたいくらい、綺麗な打撃フォームや」

と話し、マスコミと打撃談義になる度に、その名前を出していました。その後は外野手、あるいは代打の切り札となりましたが、打撃センスの高さを称賛されてきたので悲観的にはならなかったはずです。実際にその後も活躍しているので、〝適材適所〟でもあったわけです。

野村監督の秦選手に対する打撃力の称賛は、上司として、また部下の未来を思いやっての準備だったのではないでしょうか。

飯田選手に対しても、同様でした。野村監督は「機動力を使った野球をやりたい」「足にスランプはない」と自身の野球観を語っており、それは飯田選手も耳にしています。飯田選手の俊足はコンバートによって、生かされました。選手を一流にする野村監督の「見つける」「育てる」「生かす」の3ステップです。

レギュラー争いをさせ、勝ち残ったほうの選手を使うだけなら、組織としての底上げはありません。例外なく、チームの全選手を見てその長所を見極めようとするのも、野村イズムでしょう。野村監督が戦後初の三冠王になったのは有名ですが、打率を2割5分台から3割に上げるために大変な苦労をしたとご自身の著書の中で伝えていました。

野村監督は必死にバットを振り続けたそうですが、結果がともなわず、自分の才能の無さを嘆いたそうです。練習をし、パワーを付け、バットコントロールを磨いても超えられない壁があることを痛感したそうです。

その時、野村監督は技術的な訓練を限界までやって、初めて見えてきたものがあり、それが相手投手のクセを見抜く手段でした。

「限界の先に一流への道がある」

自身が死に物狂いでバットを振り続けたからこそ到達できた工夫、生き残るための戦術です。野村監督の「間違った努力をいくらやっても無駄だ」というのも、苦しんだ時期があるからこその言葉だと思います。

野村監督はクセを見抜く工夫、相手バッテリーの投球を読む努力もしました。一流選手への道が開けたわけです。

試合に出られない選手をなんとかしてやりたい思いも強いのでしょう。

ミーティングに出た野村監督の言葉を借りれば、「ほとんどの人が、自分の能力、才能を知らずに死んでゆく。誰しも何らかの才能を持って生まれてくる。その才能に気づき、磨いた者が幸せをつかむ。生まれつきの能力に注意を払ってみろ」とのことです。

正捕手争いから脱落した秦選手、飯田選手も90年代のヤクルトを支えた貴重な人材です。「人は環境によって人生を左右される生き物。だからこそ己の身を投じる環境は、慎重に選ぶべき。自分を成長させてくれそうな場所や自分の可能性を伸ばせそうな場所を選ぶことが大切」

野村監督と巡り逢えたことは幸せなことだと思っています。

40 「普段から「疲れた後のもう一踏ん張り」などの訓練で強化をはかっておく」

仕事を続けていれば、必ず壁にぶち当たる時がきます。野村監督は「限界を感じるから成長できる」と発想を転換し、「考えることに限界はない」とおっしゃっていました。そして、スランプ脱出法についてもミーティングで伝えていました。

僕は、1年目から4勝、12勝、14勝を挙げることができましたが、4年目の1992年のことでした。

春のユマ・キャンプで、ノックでファンブルしていたボールを踏みつけてしまい、軸足である右足首の外側を捻挫。宮崎西都キャンプの終盤、無理して痛みをかばいながら投球練習をしていると、右ヒジ痛を発症してしまいました。

同年は、一軍登板なしのまま、1年を終えてしまいました。

その時、野村監督の「限界にぶつかったら柔軟性を持て」という言葉も思い出しました。「肉体改造の良い機会だ」と発想を切り替え、腹筋や背筋、ベンチプレスなどに精を出しました。それまでまともに取り組んでいなかった筋力トレーニングに励んだのです。

「本当のプロは限界から始まる」という言葉も、野村監督から教えられていました。たしかにバーベルを限界まで上げたつもりでも、本気を出せばまだ数回できることにも気付きました。「疲れた後のもう一踏ん張り」を繰り返すことで筋力がアップし、右腕は故障前より2・5センチ太くなりました。体重が10キロも増え、スーツのサイズが合わなくなるほどでした。

「普段から「疲れた後のもう一踏ん張り」などの訓練で強化をはかっておく」

と野村監督は常に「プロセス重視」を訴えていました。

克服法

・発想を転換してみる
・自己点検して原因究明にあたる
・方法やプランを立て直してみる
・プラス要因を考えてみる
・投手は走り込む↓投げ込む↓気楽な場面で試す
・打者は鍛え直す↓振り込む↓打ち込む

基礎を必要とする時期、高度なテクニックを取得する時期、特訓する時期など、時期にやるべきことを熟知しておくこと

（野村ノートより）

プロセス主義の人↓活動は人間を幸せにするという実感を持ち、即、価値観を高める生

き甲斐を持って生きている人である
・技術力に、徹底的にこだわってほしい（自己満足への拒否）
・長い人生と世の中との関連で現存をみてほしい
・原理・原則の知識を養ってほしい
・考える行為は行動や感情に多大な影響力を及ぼす
・勝敗のカギとなるものは結局「創造力」「能力」「感受性」である
・「幸福とは何であるか」「幸せだなあ」と多くの感動を実感する事である

（野村ノートより）

1993年シーズンに復帰でき、オフにカムバック賞を頂いたのですが、野村監督の教えがなければどうなっていたか分かりません。普段は辛口で厳しい監督ですが、常に〝もう一歩上に〟選手を後押ししてくれました。このような上司の情、目線は職種を問わず、組織を預かるリーダーの皆さんにも参考になると思います。

41「不調脱出のための練習は、まず原因究明に全力を注げ」

野村監督はマスコミに対してもそうですが、いい意味で「使えるものは何でも使う」というタイプでした。

おそらく、コーチスタッフにも厳しく言っていたはずです。実際、試合後、コーチだけを集めたミーティングもやっていました。それも、一時間、二時間という時間を要する長いミーティングでした。

その内容は一選手の僕には分かりませんが、コーチ陣は「また言われちゃったよ～」なんてボヤキながら、遅れて食事会場に入ってきたこともありました。僕たちのことでお叱りがあったことは想像に難く（かた）ありません。

自分の腹心でもあるコーチスタッフが怒られていると知れば、「申し訳ない」「次は必ず……」と反省させられます。直接、面と向かって叱らなければならないこともあれば、このように誰かを介して伝えられたことの方が心に沁みることもあります。

また、野村監督の下で学んだことの一つに、こんなことがありました。

確かキャンプ中だったと思いますが、ブルペンで投球練習していた僕は、なんとなく調子が悪いことを感じていました。思ったところにボールがいかない、ボールの切れが悪い、何より気持ちが乗ってこない……。

一般的に、これは「スランプ」と呼ばれるものだと思います。

そのスランプについても、野村監督の考えは独特でした。

「それはスランプじゃない。ただの下手くそだ」

スランプという言葉に逃げず、調子の悪い自分としっかりと向き合い、その状況に対処していく。人生には山もあれば谷もあります。何をやっても不思議なほどにうまくいく時と、何をやってもうまくいかない時。一度不調の渦に巻き込まれると、その負のスパイラルから抜け出すことは容易ではないのは、一般社会でも同じだと思います。

思うような結果が出ないことで、「自分が悪いんじゃない。これはスランプだ」と原因を他に求めたくなりがちですが、「調子のいい時の自分」を基準にするのではなく、「悪い時の自分」を基準にしてみる。逆転の発想をするということでした。

こうすることで、それまで調子が良かったのは「たまたまだ」と思えます。それがもとに戻り、いつもの自分になったわけだから、調子の良かった時の自分に少しでも近づけるように、そこからまた新たな努力を始めればいいということです。

プロ野球界で生き残るために
人と同じことをやっていては人並みにしかなれない
・野球選手としての発想「考え方」の出発点になる
・考え方の原則
全体論的思考
全体的な見方から始まり、その上建設的な考え方をしなければならない
成長とは
1　ある程度伸びるが、止まってしまう
2　平行線をたどっていて、さらにがんばり続けることにより急に伸びることがある
3　努力はするがなかなか思うように伸びない
4　ゆっくりゆっくり伸びていく

鋭い感受性を持ち、感覚を大事にして最後は自分しかないのだから、傲り（おご）を捨て、プロで通用する自分を売っていこう

人間は可能性の動物である。すなわち人間は皆、潜在力と可能性をもっている挑戦、情熱がないとただの潜在力、可能性になってしまう

［創造力の性質］

・創造力の反対は単なる模倣である。又、破壊である
・創造力の可能性は無限にある
・創造力の活動停止は永久に同じことをやり続けていくことに等しい
・創造性は人間の非常に根が深い本能である
・意欲と創造性の綿密な関係

［創造性を発揮する三原則］

1 「現状のままでは不満だ」の既成のものに対する不満が創造性を促す
2 「こんなアイデアを思いついた」という、ふと浮かんだアイデア先行型
3 行動をおこしていく過程で新しい発想が生み出される

視点、観点を変えることにより、発想の余地を感じ、そこから創造性が増してくる
頭の良い人からは創造性は生まれない

状況の変化・鋭い観察力をもっていること
・変化を見る眼を鍛えよ。ある基準をもって観察すると見やすい
・いろんな問題が起こる。その時の対応力の原則を熟知していること
・心理面の変化を見る眼をもつ

自己限定人間は生き残れない
本当の限界を知ることは大事。自分に厳しく、あらゆる手段を使い、血へどを吐くほどの努力を続けて、ある一定の結果しか出てこない状態になった時、自覚できる

（野村ノートより）

どんな選手にも好不調の波は訪れます。野村監督は、普段から「不調脱出のための練習は、まず原因究明に全力を注げ」

とプロの世界で生きていく上で必要な心構えについても教えてくれました。

好不調の波をたくさん経験すれば、それだけ不調から脱出してきたわけですから、プロとしての進歩につながります。また、不調から抜け出すことも早くできるわけです。そのために必要なのが、「好不調のメモ」だと野村監督はよくおっしゃっていました。

常にメモを取っていれば、そこに記された過去のデータをもとに、自分なりに対応できるようになります。ポイントをもとに、対処できるようになります。さらに、素早く原因を究明できるため、不調時の期間が短くなるんです。

第五章　人を遺す力

42「強く生きていくためのポイント」

ここまで、僕が学んだ「野村ノート」をベースに、野球をヒントとして、人間としての生き方も含めて思いつくことを述べさせていただきました。野球選手というのは、ある意味では特殊な職業かもしれません。

幼少時代から、取り組んで楽しんできた野球の技術が生きて、少なからずその能力を認めていただけたからこそ、この世界に足を踏み入れることができたのです。

そんな僕たち選手に対して、野球を通じて野球以外のことを教えてくれたのも野村監督でした。もっと言えば、僕たちは野球が仕事でしたから、仕事を通じて人生観や生き方、人としてのあり方というものを教えてもらえたのだと思っています。野村監督は「仕事」を通して「強く生きていくためのポイント」についても語っており、それは人生を強く、逞しく生きていくための教えともなりました。

［仕事とは］

我々の仕事はほとんど「結果」の問われる仕事と言ってもいい。言い換えれば、目標達成業ともいえる

目標達成の原則

「能力と」「動機づけ」にかかっている。「動機づけ」とはプロセス志向の中で「方法」や「意識づけ」が最重要視される

［意識と無意識との関係］

1　意識（潜在意識）

人間はほとんど無意識に行動している。全体の10パーセントしかない悪い性格や悪い習慣、弱点などが表に出ないよう意識して、カバーし、バランスをとっている。練習や経験を多く積んで無意識の世界へ送り込み、本能的にいいプレーがいい形でプレーできるよう努力する

2　無意識（顕在意識）

無意識に行動している事が90パーセントを占める。「体が覚えている」もこの部分。従って無意識の状態でプレーすると悪いクセや弱点が出やすくなる

［基本とは］
野球を長く続けるために重要な手段
応用はいい結果を出すために重要なもの
［管理について］
人が集まると自然発生するのが管理である
個人の存在の前に集団（チーム）があり、集団との関係を抜きにして個人は成り立たない。その考えられないことを知っている
人が集まれば様々な人間がいる。従って最低限、管理は必要となる。試合での作戦、練習メニューなども管理なくして行われない。門限、禁煙などの規則も管理だが、本来の管理はもっと別のところに重要なものがある。
（監督の立場としての責任問題、チームの運営上必要）

（野村ノートより）

仕事についても参考になるポイントがたくさんあります。
そして今、改めて思っています。野村監督から学んだ「野村ノート」に記されてきたことだけではなく、そこに自分自身のプラスアルファを加えていって、自分を変化させ進化させ

ていかなくてはならないのです。それはすべて、これからの人生に伝え遺す教訓として生かされるはずです。

43「一流選手は褒めてはいけない。非難して発奮を促す。それを乗り越えて一流になる」

「良いボールを3つ持ちなさい。1つ持てれば、良い投手だ。2つあれば超一流、3つ持ったらスーパースターだ」

野村監督は僕たち投手陣にそんなことを話していました。

良いボールとは、2ストライク後に投げる勝負球のことで、決め球になるボールを3つ持てば〝無敵〟だということなのでしょうが、現実問題として難しい話ではあります。しかし、これは「夢を持て」という意味なのかもしれません。

「こんなふうになりたい」、「これがイヤだ」という人はたくさんいますが、そのためにどうすべきかを考える人はかなり少ないのではないでしょうか。ゆとり世代と呼ばれる平成生まれの若者はとくにそう思います。

野村監督が東北楽天ゴールデンイーグルスの指揮官を務めていらした頃、ご挨拶に伺ったことがあります。当時の野村監督は、田中将大投手を一流投手に育て上げようと苦心されていました。

ただ、ヤクルト時代と楽天とでは野村監督の教育は違っていたように思いました。まず、田中投手のことを「マー君」と呼んでいたことです。僕たちは名前ではなく、低い声で「おい！」と呼ばれていました。そして、怒られてばかりでした。

そのへんの変貌ぶりについても聞いてみると、野村監督は「時代や～」と返すだけでした。

野村監督の指導は、「無視、称賛、非難」。「無視」はまだ実力不足という意味で、死に物狂いで頑張れのレベルです。「称賛」は成長が見られ、褒めて気分良くさせて、さらに伸ばす段階にあります。そう言うと、「非難」される選手が野村監督にいちばん評価されていることになります。

「一流選手は褒めてはいけない、一流は子供の頃から褒められることに慣れている。だから、褒めると図に乗る。非難して、非難して、発奮を促す。それを乗り越えて、超一流になる」

その信念のもと、野村監督は、そのために的確な非難をしようと、練習中も一歩引いたところから見守っていました。

非難されているのは期待されている証拠です。野村監督のもとで怒られてばかりでしたが、万年Bクラスだったヤクルトは常勝チームへと生まれ変わり、野球を楽しんでいました。非難された時、怒られた時、次にどのような行動を取るかで、超一流になれるかどうかが決まります。今のご時世、ゆとり世代は怒られたことがないみたいですが、物足りないのではないかとも思ってしまいます。褒められて喜んでいるだけなら、成長はありません。せっかくの才能もそこで成長が止まってしまいます。田中投手は怒られてもいましたし、だから、メジャーリーグのマウンドでも動じないハートを養えたのではないでしょうか。

褒められてばかりで刺激のない生き方よりも、怒られて挑戦するほうが生き甲斐にもなるはずです。

「大きな舞台になればなるほど、勝負は技術だけにとどまらない。人間そのものの対決になる」

この言葉はヤクルト時代にも口にされていたと思います。

選手を超一流に育て上げることも重要ですが、人として、野球人として充実した人生を、送らせてやりたいと考えていたのでしょう。また、そのために適材適所は能力にも勝るとも

考えていました。ピッチャーで言うと、野村監督は、

「オレの理想は先発完投や」

と、一人の投手がゲームセットの瞬間までマウンドを守るスタイルを挙げていました。しかし、今日の「先発、中継ぎ、クローザー」とピッチャーを完全分業化させたスタイルは、南海ホークスでプレーイングマネージャーをされていた時代、江夏豊さんをクローザーに転向させたことに端を発します。先発完投型を理想としながら、それを押しつけるのではなく、選手個々の能力、状況を見極め、適材適所に振り分けたのです。

「オレは孤独や」

決してそんなことはないんですが、野村監督はそう言われていました。組織のリーダーとは選手を客観的に見極めるため、あえて距離を置こうとする立場なのかもしれません。監督の厳しさ、辛さは監督を務めた人には分からないので、僕たちは野球を介して、改めて野球が生き甲斐であることを認識し、野村監督は、野球と人を育てることに生き甲斐を感じていたのではないでしょうか。

44「ただ漠然とカンだけを頼りに戦ってはいけない」

どの世界でもそうでしょうけれども、「天才」と言われる人間が存在します。しかし、天才は、そんなに多くいるわけではありません。

野村監督もよく言っていました。

「エースと四番打者だけは育てられん」

もちろん、そうは言っても、例えば楽天で監督を任せられた時には田中将大という大エースを育てています。

田中投手も超一流の選手ですが、決して才能だけであれほどの大投手となれたのではありません。

チーム事情もあって、若いけれどもその田中投手をエースとして使いながら育てていかなければならないということで、そうした育成法を選択したのだと思います。

成長のスピードには個人差があります。彼なりにさまざまな試行錯誤を重ねていったところもあるでしょう。

田中投手が成長していく過程では彼自身の失敗もあったはずです。しかし、失敗をするからこそ、反省することができるのです。そして、その原因を突き詰めて、それを学習して、また新たな境地を見出していったのだと思います。

「ただ漠然とカンだけを頼りに戦ってはいけない」

そんな野村監督の考え方をどう生かせばいいのでしょうか。人それぞれに、その人間にあったやり方があります。

ただし、それは考えてしっかりとした根拠があってのものでなくてはなりません。そして、それを見出すのは、決して直感だけで行動しても、見つかるものではないということです。

よく言われる言葉に「長年のカン」という表現があります。しかし、その意味は長年コツコツと積み上げてきたものが背景にあるから、その中から自然に見つけられたものがあるとも考えていたようです。

だから、それは一見「カン」に頼っているようで、実はしっかりとした根拠があることなのです。

野村監督が一番嫌っていたのが、漠然とカンだけに頼る野球でした。

本当は、カンも当たるというケースはあるのかもしれませんが、データを基にして理詰めで攻めていく野村監督にとっては、「直感」だけに頼っていくプレーは肯定できるものではありませんでした。

カンだけに頼ることの危険性は何か。

そこには、理論的な根拠がないということなのです。理論に裏付けされていないことに関しては、厳しく注意していました。どんな行動であれ、確かな根拠に基づいた行動をとれということでした。

その上で失敗したとしても、それは許されることでした。というのも、失敗すればその原因を究明していけるからです。

こうして、試行錯誤を繰り返していくことで、自分が追求する問題への答えにたどり着いていくことができるのですから。

「成長とは、自己決断のレベルの増大を言う」野村監督がヤクルト時代にそんな言葉も口にされていました。

45「男子一生の仕事とは人生観に照らし、生涯を費やして納得できるもの」

現在の社会的スタンダードからすれば、野村監督のこの「男子一生の仕事」といった言い回しは、違和感を覚える人がいる表現かもしれません。男性、女性といった区分けは関係なく、一生をかけて、情熱を持って取り組んでいく仕事を持つ方はたくさんいらっしゃいますし、一つだけの仕事をするというのではなく、様々な分野に進出して、それぞれの場所で素晴らしい業績を残す方も存在しています。

もちろん、ヤクルトの指揮官に就任した野村監督が、1990年春季キャンプにおいて、僕たち選手に伝えたかったのは、「夢見ても簡単にはなれないプロ野球選手という職業に就いたからには、この世界で人間として成長し、人生そのものを価値あるものにしていこう」ということです。

それはともかく、野村監督は、84年の生涯を費やして、真摯（しんし）に野球に取り組んできた、生粋の野球人でした。まさに、「生涯を費やして納得できるもの」を仕事とした野村監督は、間違いなく〝幸せ〟だったのだと思います。

野村監督の指導者生活は、34歳だった1970年から、南海（現ソフトバンク）ホークスでスタートします。プレーイングマネージャー（選手兼監督）として第一歩を踏み出したわけですが。

野村監督の著書には、興味深いことも書いてありました。コーチや二軍監督の経験が重要なのではなく、一軍の将に求められるものは、その人間の資質や野球に対する考え方、取り組み方だと、ミーティングで選手たちに問いかけていた、「人生観」、「仕事観」が、監督として、ひいては野球人としての成否を決する鍵になるということです。

また、監督として成功するためには、「外から野球を見る」ことも必要だと、語っています。評論家として、野球を見てみると、現場にいた時には見えなかったこと、気付かなかったこと、分かってはいなかったことが、いかに多いかを理解できた、とも書いていました。

例えば、解説者の仕事をする時は、一つのチームの視点からだけではなく、対戦するチームの状況というものも、客観的に捉えることができます。現役のピッチャーだった頃は、自分のことに精一杯で、相手チームのことをじっくりと考察する余裕がないこともあったのですが、解説者席から試合を見ていくと、ここはストレートではなく、変化球でくるだろうといった配球が、予測できたりするのです。

プロ野球選手となってからも、30年ほどの月日が経過した現在の僕ですが、野球に関しては、まだまだ道半ばにいる状態です。当然、納得できていない部分もたくさんありますし、もっともっと勉強を重ねなければと、自分自身を叱咤激励することも年中あります。ひょっとしたら野村監督も、野球に対する究極の答えのようなものには、たどり着けなかったのかもしれません。

46「組織、すなわちチームとはどういうものなのかを理解した上で戦う」

1990年代、ヤクルトは黄金時代を築きました。その背景には、野村監督が「組織とは」「チームとは」を懇々と説明していたからだと思います。

「組織、すなわちチームとはどういうものなのかを理解した上で戦う」

野村監督によれば、選手には「貢献型」と「利益型」がいます。どうすればチームの勝利に役立てるか考えるのが「貢献型」、自分の成績ばかりに目を向けるのが「利益型」です。どんな人間でも、チームの勝利を目標にしなければならないと言い続け、「タイトルで騒ぐのは自分と家族、数人のチームメイトだけや。優勝を争えば、全選手、スタッフ、ファンが一喜一憂できる。個人記録は些細なものだ」とおっしゃっていました。また、組織論について、こんな言葉も伝えていました。

組織の中で持ち合わせていなければならない３つの条件

１　節度を持つこと
２　他人の痛みを分かること
３　問題意識を持つこと

（野村ノートより）

チームとは何か。「組織とは」についても野村監督はしっかりとした定理を教えてくれました。

野村監督は、エラーをしても投手に謝らない野手を叱責しました。

人間は感情の生き物ですから、「ごめん」と詫びられると「そんな時もあるよな」と思えるのですが、何も言われないと「しっかりしろよ」と頭に血がのぼることもあります。自分がミスをした時に素直に悪かったと言えるかどうかは、チームの士気に影響する。捕手出身の野村監督は、わずかな心理の揺れ動きが投手のコントロールを乱すと知っていました。

少年時代の常識も、大人になると不思議と疎かにしてしまうものです。キャンプのミーティングで、「節度を持て」「他人の痛みを分かれ」と人間として大事なことを説かれた上で、「エラーしたら謝るのが当然だ」と指導されるので、選手も納得せざるを得ません。

人間には、自分の都合のいいように物事を考える習性があります。僕もコントロールの良いほうではなかったですから、「多少荒れ球のほうが打者も打ちづらい」という説を信じたい時期もありました。でも、具体的な例を挙げられて、丁寧に説明されると、意識が変わるのです。

野村監督は「固定観念は悪。先入観は罪」をモットーとして、決して古い慣習や画一化された考えに染まりませんでした。未だに野球界には、「とにかく四球は出すな」「強気に内角を攻めろ」「弱気に外角に逃げるな」という教えが存在します。

投手は、あくまで勝利という最終目標に向かってベストの選択をすべきであり、「内角＝強気」「外角＝弱気」と簡単に割り切れるものではないと教えてくれたのです。

野村監督は常に通説を疑い、根拠を持って新たな説を作り出していました。だから、選手たちもついていったのです。これは野球のみならず、一般社会にも通じる話ではないでしょうか。

47「弱気をいかに捨てるか」

人間、プレッシャーの掛かった場面になると、どうしても弱気の虫が出てきます。平常心でいられないと、当たり前のことさえ気付けなくなります。

「弱気は最大の敵」

これは、元カープの故・津田恒実投手の言葉で、僕がピンチに陥った時、自分自身に言い聞かせ、奮い立たせていました。

9回裏、同点。満塁で一打サヨナラ負けのピンチになったら、もう開き直るしかありません。そういう心境に陥った時、自分なりに勇気の出る言葉があると、開き直ることができると思います。

野村監督はピンチについて「弱気をいかに捨てるか」を理論づけて教えてくれました。

［ピンチの脱出法］

1　ピンチでまずやることは「今、自分ができる事は何であるか」を冷静に考える。そして、「こうすれば絶対に切り抜けられる」と信念をもって臨み、やれる事を確実にやったうえで「後は神に委ねる」と割り切って対処に全精力を注ぐ

2　ピンチを脱することより、鉄則を守ってピンチをむかえないこと。先を見る眼、先を考える習慣を身につけよ

「チャンス」での心得

1　チャンスとは相手がピンチであるという当たり前の事をよく認識した上で相手の立ち場に立って、チャンスを生かす方法を見つける

2　チャンスでは焦らず、相手の　術中にはまらない注意力と技術を発揮すること

（野村ノートより）

48 「絶対に誰かが見てくれている。人と人の間には、そういう心の繋がりがあるんだ」

野村監督がテレビ番組や雑誌インタビューなどに出演し、ヤクルトの監督に就任した経緯を語っていました。野村監督は現役晩年、生え抜きでもなければ、学歴があるわけでもないので「他球団では監督にはなれない」と思い、ならば、日本一のプロ野球解説者になろうと頑張ったそうです。テレビで野球中継を見る時は音声を消し、喋る練習をしていた、と。その後、実際に解説席に座った時、ストライクゾーンを9分割するシートをキャッチャーに重ねた「野村スコープ」で人気を博しました。

配球を読むという新しい視点が野球ファンの興味を惹きつけ、さらに後年、ヤクルトの監督になった時、野村スコープはＩＤ野球の一環として、相手チームの配球をデータ化するチャート表へと進化していきます。

その日本一の解説者になるための猛勉強が監督就任への道を切り開いたのです。当時のヤクルトの相馬和夫球団社長が野村監督を訪ね、こう言いました。

「いつも解説を聞いていたけれど、野村監督こそ本当の野球を知っている人だ。うちの選手たちにもそれを教えてほしい」

「来年、即優勝しろとおっしゃるならできません」

野球が大好きなはずなのに、即答しないところが野村監督らしいと思います。相馬社長の「5年かけてでもお願いします」の言葉を受けて、野村ヤクルトが誕生しました。


「絶対に、誰かが見てくれている。人と人の間には、そういう心のつながりがあるんだ」

野村監督と相馬社長ですが、面識はなかったと聞いております。

マジメにコツコツと取り組んでいれば、必ず誰かが見ていてくれるということを野村監督は実際に経験されていました。だからでしょう。時折、僕たちにそんな言葉を掛けてくれました。


「努力は天才に勝る」ともおっしゃいましたが、野村監督の努力に関する考え方、その言葉は感慨深いものばかりでした。「間違った努力はするな」と叱り、目標、目的のない、ただバットを振るだけの練習や実戦を意識しないで投げ込むだけのブルペン投球を辞めさせ、常に僕たちに考える習慣を植えつけようとしました。

「習慣にしてしまうこと。それが努力し続ける一番のコツ」

自身に全体練習後の素振りを課したとします。上を目指して懸命に努力している選手はいました。野村監督は「（素振りを）やらなければ気持ちが悪いというふうになれば、努力を努力だと感じなくなる」とも語り、

「最初は『今日だけ』でいい。『その日1日だけ』、努力してみる。そうすれば、『明日もやってみようか』となる。2日やり終えれば、さあ3日目も……。3日続けば1年続く。1年続けば3年続く」とアドバイスをしていました。

こうした教えは僕の人生の指針ともなりましたが、野村監督はさらに「自分が笑うために一生懸命やるのはアマチュア。プロは、人に喜んでもらう、笑ってもらうために努力するもの」とも話していました。野村監督は「プロとは」の心構えも教えてくれました。

「プロ意識」を持ち続ける

・プロ意識は羞恥心を養う。自尊心を高め、自発性、自主性を持つ観察力、創造力に優れ、旺盛な問題意識を持続し、価値観の高い選手になっていく、原動力となっていく。

そして、ますます、自分に厳しくなっていく

・「プロとして恥ずかしい。プロとして当たり前、ファンに感動してもらおう」という心境で物事に取り組む

・「プロとして、プライドが許さない」という自尊心が成功と失敗の大きなカギになる

（例）「人間だからミスもする」という甘い考え方か、「プロだから失敗は許されない」という考え方のどちらが大切かは言うまでもない

・高度なプロフェッショナルのレベルで現実、または自分をとらえ、自分の評価を高めるよう努める

・プロの世界は実力をつけないと勝ち残れない。単純な真理の世界である。

・プロの戦いは限界を超えたところで行われているはずだ。

（野村ノートより）

「人のために」の教えは私生活にもあてはまります。

「個人の数字も大事だが、自らが所属するチームに貢献することがもっと大事。このことを理解し実行する人間が組織の中に多ければ多いほど、より強固なチームへと成長していく」

チームに尽くす選手、チームの勝利をいちばんに考える選手に価値を置くわけですから、ベンチスタートになった選手もやる気を失わずに済みます。もちろん、「人間という生き物

は、自己愛で生きている。誰しも自分がいちばんかわいい。自分に対する評価はどうしても甘くなりがちだ。他人の評価こそが正しい」とも言って、常に現状に満足させないよう、発破もかけていました。

「人に気を遣わせるな。気を遣える人になりなさい。そうすれば、相手は自分の知識、情報を教えてくれる」

プロ野球選手である前に、一社会人として。この言葉は引退した今の僕の生活においても大きな指針となっています。

私事ですが、僕が引退する少し前のことをお伝えしたいと思います。もしスランプに陥ったら、僕は「誰かのためにがんばろう」と思い、努力を続けることができました。中日に移籍してまもなく右肩を故障してしまった時のことです。二軍のナゴヤ球場で練習していたら、「ナゴヤドームで待ってるぞ」というファンの方からエールをいただきました。

移籍し、ファンの皆さんの期待も大きかった。それを裏切ってしまい、批判もありましたが、前向きな気持ちを失わずに頑張れたのは、「待ってるぞ」のエールを下さったファンのためを思ったからです。どこの誰かは分からないけれど、その人のために頑張ろうと決めた瞬間、心身ともに折れ掛けていたのですが、もう一度やる気にさせてくれました。自分自身のためにやり続けることには限界があります。そんな経験から、スランプに陥った人、仕事がうまくいかずに苦しんでいる人は、「自分以外の誰かのために頑張ろう」と思うことが大事です。

49 「数だけいればいいということではないんだ。たとえ少なくても、頼りになるヤツがいた方がいいんだ」

転職が珍しくなくなった昨今、人材が不足し、立ち行かなくなる会社もあると思います。そんな時、上司はどんな言葉を掛ければいいのでしょうか。

野村さんが監督に就任する前から、ヤクルトの投手陣はケガでの離脱が目立っていました。僕も1992年に右足首の捻挫をキッカケに、右ヒジ痛を発症してしまい、その年は一度も投げられませんでした。

翌1993年にはエースの岡林洋一さんが右肩痛で、新人の伊藤智仁投手が右ヒジ痛で夏場に離脱しています。

その頃、野村監督は、

「数がいればいいということではないんだ。たとえ少なくても、頼りになるヤツがいればいい」

と力説されていました。

おそらく、本音は違ったと思います。勝ち星を計算できる先発2人が抜けたわけですから、苦しいに違いありません。そんな状況で、僕は後半戦の勝負所で何度も投げさせてもらいました。選手からすれば、自分は頼りにされていると意気に感じますし、モチベーションも上がります。

上司の言葉一つで、ピンチはチャンスに変えることができるのです。

野村監督は常々、「人間には適材適所がある」とおっしゃっていました。同じスポーツでも陸上であれば、足が遅ければ使い物になりません。しかし、野球は足が遅くても、他の部分で自分の役割を見つけられれば、十分戦力になる。だから、徹底的に長所を磨けば、道は開けると何度も口にされていました。

先発、中継ぎ、抑えというポジションだけでなく、「どんな時に使うか」という起用法にも熟考を重ねられていました。ケガから復帰の投手がいれば、楽な場面での中継ぎがいいのか。それとも、大事な一戦に登板させるべきなのか。選手の特徴を見極めた上で、適切な場を与えていたと思います。

たとえば、こんなことがありました。故障で4年以上登板のなかった荒木大輔さんが1992年の優勝を争っていた終盤戦に帰ってきました。

普通であれば、実践から遠ざかっていた投手を大事な場面で使うことは躊躇しそうですが、野村監督は違いました。

その荒木さんが広島の四番バッターだった江藤智選手から三振を奪うと、割れんばかりの大歓声に包まれました。その勢いを味方につけたヤクルトは14年ぶりの優勝へとラストスパートをかけていきました。野村監督は荒木投手の野球人生を考え、球場の盛り上がりも計算に入れた上で、あの場面で送ったのではないでしょうか。

また、荒木さんが登板することで、チームに与える影響まで考えていたはずです。頼りになるピッチャーがいるかいないか、これがチームの明暗を分けました。

野村監督は選手が逆転ホームランを放っても、試合中は決して笑顔を見せませんでした。次の事態に備えて、誰をどう起用するかに頭を巡らせています。選手時代はもっと感情を露わにしてもいいのにと感じることもありましたが、僕らをどう生かすか常に考えてくれていたように思います。

50「チーム状況を理解し、必要とされる特徴を持つこと」

上司の言葉で、部下はやる気を起こせるものです。

監督就任1年目の1990年、野村さんはまだ19歳の僕に大きな期待を掛けてくれました。

「とにかく川崎を一本立ちさせたい。ウチで140キロ以上の速球を投げられるのは、アイツしかおらんからな」

今は150キロを投げても珍しくない時代ですが、当時は140キロを超えれば速いと言われました。当時のヤクルトを見渡すと、エースである尾花高夫投手はコントロールで勝負をするタイプでしたし、前年に12勝を挙げたギャオスこと内藤尚行投手も低めにボールを集めていく投手でした。

キャンプの時から、野村監督は「チーム状況を理解した上で、必要とされる特徴を持て」と説いていました。野村監督の言葉によって、ますますストレートに磨きをかけようと思いましたし、マウンドでも自信を持って投げられました。

また、内藤さんは明るい性格で、取材でもクスッと笑えるような気の利いたコメントを発していたので、スポーツメディアをヤクルトにたくさん呼んでくれました。グラウンド内外で大活躍でした。

しかし、僕はオープン戦で故障してしまい、初先発は4月29日の巨人戦まで遅れてしまいました。前年、高卒ルーキーだった僕はプロ初勝利も、プロ初完封も巨人戦でした。そのため、〝巨人キラー〟と呼んでくれるメディアもありましたが、たったの2勝に過ぎません。

野村監督は本当の意味で〝巨人キラー〟にするため、僕の状態を見ながら、ゴールデンウィークで満員の神宮球場で先発させてくれたのかもしれません。

しかし、結果は1回持たず、3分の2でノックアウト。わずか42球、被安打、自責点ともに7と無惨な姿を晒してしまいました。

それでも、野村監督は意識的に僕を巨人戦にぶつけました。

5月17日の巨人戦には中4日で先発を任されました。大分出身の僕に、12日の阪神戦では長崎、この日は熊本と九州で投げられるようにローテーションを組んでくれたのかもしれません。

地元に近い場所での試合で、燃えない選手はいません。阪神戦に続き、巨人戦も完投勝利を挙げて、4月の借りを返しました。翌日の新聞を読むと、野村監督が賛辞を送ってくれていました。

「川崎が良く投げてくれた。中四日なのでどうかと思っていたが……。この調子で順調に育っていってほしい」

野村監督は面と向かって褒めるタイプではありません。でも、新聞のコメントを読むと嬉しくなりますし、何よりも意気に感じる起用法をしてくれるのです。1回失敗しても、必ずチャンスを与えてくれる。プロ野球選手にとって、慰めの言葉よりもリベンジの機会をもらえるほうが何百倍も嬉しいのです。4月の悲惨なノックアウトのまま巨人戦に投げられなかったら、〝巨人キラー〟と呼ばれることはなかったでしょう。

一度の失敗で見限ることなく、必ず挽回のチャンスを与える。上司の使い方次第で、部下は能力以上に伸びることもあれば、全く力を発揮できない場合もあるのです。

その後も、野村監督は僕を巨人戦に先発させてくれました。

7月には、球団史上初の巨人戦2試合連続完封を達成しました。

あくまで新聞紙上ですが、野村監督は「バッテリーの勝利。川崎はフォークボールの使いどきとコースがよかった」（6月26日）、「川崎はテンポも配球もいうことなし」（7月14日）と手放しで褒めてくれました。

初めてオールスターに選ばれましたが、巨人戦の4試合連続完投勝利が大きな理由だったと思います。野村監督の采配によって、僕は自信を積み重ねていきました。

球宴明け、野村監督は僕を1カード目の大洋ではなく、2カード目の巨人戦の初戦に先発させてくれました。また、8月には2年連続20勝をする斎藤雅樹さんとの対戦を避けて、ローテーションを1日延ばす配慮までしてくれました。

当時の巨人戦は毎試合、地上波テレビで全国中継があり、視聴率20％を超えていた時代です。いつも以上に燃えますし、勝てば「巨人キラー」と大々的に取り上げてくれる。すると、巨人も僕を意識するようになる。

「チーム状況を理解し、必要とされる特徴を持つこと。川崎の起用はまさにそれ」

野村監督のその言葉によって、その気にさせられ、巨人戦に向かっていった。まんまと、野村監督に騙されたワケです。

監督が徹底的に巨人戦に投げさせてくれたことで、巨人に強いという〝チームに必要な特徴〟を持つことができました。「巨人キラー」という代名詞の誕生は、相手の嫌がる作戦を敢行しつつ、僕の性格を見抜いていた野村監督の采配が大いに関係あったのです。

51 「自分のセールスポイントを把握して、徹底的に磨け」

ある部署にいた時は全く活躍できなかったのに、異動した途端に成績を伸ばすビジネスマンもいるでしょう。上司が部下の適正を見抜き、長所を見つければ、必ず会社の役に立つのではないでしょうか。

野村監督は「自分のセールスポイントを把握して、徹底的に磨け。そうすれば生き残れる」と選手たちに説いていました。「野村ノート」には、こう書いてあります。

セールスポイントを一つ以上持て

野手＝足が速い、肩が強い、守備が巧い、長打力がある、勝負強いなど

投手＝球が速い、コントロールが良い、左投手は有利、鋭い変化球を1つ以上持ってい

る、対戦打者を打ち取るコツを知っている
その他＝リーダーの素質がある、勉強家、マジメな性格、人間関係が上手

（野村ノートより）

僕が2年目の1990年に12勝を挙げられたのは、オープン戦を通じてコントロールの大切さを具体的に叩き込まれたからだと思っています。

3月5日のダイエー戦（神宮）では、投手陣に「2球目までにストライクを取れ」というテーマが与えられました。すると、前年まで四球から崩れていたのがウソのように、僕、乱橋幸仁さん、岡幸俊の3投手で無四球試合をやってのけたのです。28打者と対戦して、僕が2人にボールを続けてしまった以外は全て2球目までにストライクを取れたのです。

野村監督は「2球目までにストライクを取れ」と言うだけでなく、具体的な方法も伝授してくれました。

1　コーナーを突いてストライクを取る
2　打てばファールのコースに投げる

3　打者の読みと違う球種を投げる
4　打ってこない雰囲気を感じたら、ズバッとストライクゾーンに投げ込む

（野村ノートより）

ミーティングでこれらの項目を頭に入れ、各投手が「自分のセールスポイントを把握しろ」という野村監督の言葉を意識しながら、どの球ならカウントを稼げるかを考えた結果だと思います。

僕も1球1球、どこに何を投げればストライクになるか熟考しながら、打者心理にも気を配りました。同時に、自分の武器であるストレートをどう使えば良いかにも頭を巡らせることになります。

監督は試合後、こんなコメントを残しました。

「川崎は、欲を言えばもっとインサイドへの球が欲しかったかな。でも、投手陣は百点満点に近い」

自分で考えさせた上で、修正点を教えてくれる。選手は否が応でも野球を分析するようになりますし、ただ漫然とプレーするのではなく、頭で思考してトライ＆エラーを繰り返すの

で、日に日に成長していきます。

3月14日のオリックス戦（グリーンスタジアム神戸）で、僕は変化球のコントロールが定まらず、ストレートを狙い打たれました。たしかに自分の武器は速球ですが、変化球のレベルも上げないと、プロでは通用しない。セールスポイントを生かすために、苦手分野も克服しなければならないと思えました。

最初から「おまえは変化球のコントロールが悪い」と頭ごなしに叱られていたら、直そうと分かっていても、気持ちが動きません。しかし、野村監督は「セールスポイントを持て」とまず長所に目を向け、「ウチで140キロ以上の速球を投げられるのは、アイツしかおらん」と褒めてくれた。そして、実戦を通じて、選手本人に「弱点も克服しないと通用しないな」と気付かせてくれるのです。

野村監督は、決して「こうしろ、ああしろ」と命令しません。あくまで〝気付き〟のヒントを与えてくれるのです。他人から指摘されるよりも、自分で感じれば意欲の沸き方が違います。こうして、僕はストレートを生かすためにも、変化球の精度も上げなければならないと身をもって知ることになりました。上司は部会に頭ごなしに指示するのではなく、自分に何が必要か考えさせることも大事な仕事なのかもしれません。

52 「逸材を『育てる』には時間がかかる。なぜなら『育てる』ことは『自信を育てる』ことだからだ」

決して悪い意味で言っているわけではないのですが、ヤクルト監督時代の野村監督は、「ベテラン、若手、主力といった垣根を取っ払い、どの選手に対しても、平等に接する」というタイプではありませんでした。僕などは、いつも説教ばかりをされて、基本的に褒められたことはありませんでしたし、愛弟子中の愛弟子である古田敦也さんも、顔が合えば、いつも小言を食らっていました。

前でも話しましたが、野村監督は選手と接する際、「三流は無視、二流はおだてろ、そして一流は決して褒めるな」という基本方針を貫き通しました。

一流になれると見込んだ選手は、敢えて強く非難し、その厳しい言葉を発奮材料とすることを期待する。そして、やがては非難を完全に抑え込むような活躍を示して、超一流選手へと成長して欲しいというのが、野村監督流の「人の育て方」でした。

「逸材を『育てる』には時間がかかる。なぜなら『育てる』ことは『自信を育てる』ことだからだ」

そのためには時間がかかるが、人が育っていくことにつながる。

そういうプロセスを経て、選手は自分がプロ野球選手として活躍できるという「自信」を持てます。つまり、逸材を「育てる」のに時間がかかるのは、本当の意味での「自信」を培うには、じっくりとプロセスを踏んでいく必要があるからです。「自信」を言い換えれば、「見通しが立つ」ということ。選手を「育てる」ためにも、監督には、「こういう選手になればプロ野球の世界で生きていける」という見通しを立ててやることが、大切な仕事となってくるのです。

「その選手がもっとも生きる場所を探す」ことも重要です。野村監督は選手の資質を見抜きながら、「生きる場所」を提供してきました。

阪神監督時代にも、スカウトが獲得に難色を示していた小柄な赤星憲広選手を、野村監督の鶴の一声で指名が決まったと聞いております。その俊足で、5年連続で盗塁王を獲得する一流選手へと育て上げたのです。

野村監督は「二流の超一流選手を目指しなさい」とも言っていました。走攻守3拍子揃った選手になれなくても、「走る」「打つ」「守る」の何かひとつでも優れたところがあればプロの世界で生き残れるとし、選手個々を長い目で見てくれました。相手の良いところを見つけるという考え方です。守備の巧さでチームに欠かせない存在となった宮本慎也選手がその一人です。

また、野村監督が「人を育てる」ことに秀でていたのは、「見通しを立てる目」が、誰よりも鋭かったからだと思います。そして、見通しを立てるためには、一人一人の選手をよく観察することも大切です。言葉はキツい野村監督ですが、選手に対する愛情は、実はとても細やかで深かったのです。

53「財を遺すは下、仕事を遺すは中、人を遺すは上」

講演会を依頼されたり、セミナーの講師として招かれたりすることも多かった野村監督ですが、そういう場でも、決めゼリフとして発していたのが、この「財を遺すは下、仕事を遺すは中、人を遺すは上」という言葉でした。

お金は、生きていくうえでは欠かせないものではありますが、大金持ちになったからといって、必ずしも幸せではないことも事実でしょう。

プロ野球選手は、何年か続けて好成績を収めれば、それに連れて年俸も上がっていきます。また、数字で評価されることが多い世界ですから、年俸の多い、少ないが選手としての評価を決める、客観的な指標にもなってきます。

とはいえ、長くプレーを続けていく中で、金銭のみをモチベーションとすることは、なかなかに難しいとも思います。どんな職業の方でも、本当の意味での「充実感」や「幸福感」は、金銭的なものとは、ちょっと違う場所にあるのではないでしょうか。

仕事の成果をあげること、ひいては、自分がした仕事が後世にまで伝えられることは、誰もが大目標として持っている、ある種の「夢」のようなものだと思います。野村監督自身も、選手として、また監督として、日本プロ野球史に深く刻まれる、素晴らしい実績を収めてきました。同じプロ野球人として、僕などは、野村監督が成し遂げてきた、輝かしい仕事の数々を羨望の眼差しで見るしかないのですが、そういう栄光の軌跡さえも「中＝普通」と捉えていることは、いかにも野村監督らしいなという気もしています。

監督時代の野村さんは、僕たち選手に対して、「自分一人のためではなく、周囲にいる人のために頑張りなさい」と語っていましたが、仕事における個人の業績自体に価値があるのではなく、その仕事に関わった人たちすべてが幸せになることの方が大切だと、本当は伝えたかったのだと思います。


そして、「人は己のために生きるべからず、人のためにこそ生きるべし」という、野村監督の人生に対する姿勢は、「人を遺すは上」という言葉にも繋がってきます。

今、僕は「人のために」という野村監督の教えを胸に、郷里・大分県を盛り上げていく活動にも参画しています。損得勘定ではなく、大分県が活気づくお手伝いができればの一心からです。

また、2020年プロ野球界を見渡してみると、ヤクルトスワローズの高津臣吾監督、北海道日本ハムファイターズの栗山英樹監督、東北楽天ゴールデンイーグルスの三木肇監督など、多くの教え子たちが指導者となっています。もう一人、東京オリンピックに参加する、野球日本代表の稲葉篤紀監督も、1990年代のヤクルトでプレーした選手でした。

野村さんの訃報を受け、高津監督は「プロ入りして、一から十までプロの難しさを教わりました。まだ教わることもたくさんあったのに……」と涙を流しながらコメントしていましたが、高津さん同様、投手陣の一員として野村監督から数々の言葉を掛けてもらった僕には、その感謝の気持ちと喪失感を伴った淋しさが、痛いほど理解できました。

晩年、「結局、オレが残せたのは金くらいだったな」と冗談交じりにボヤいていたそうですが、これだけ多くの素晴らしい野球人たちに、現在も強い影響力を及ぼし続けている野村監督は、間違いなく上質の、言い換えれば「本当の意味で幸せな人生」を歩まれたと、僕は心から思っています。

謝辞

野村監督にはヤクルト時代の9年間を含め、これまでの約30年間、大変お世話になり野球だけに限らず、これからの人生において本当に大切なことを教えて頂きました。監督の元、学べたことが奇跡であり、感謝しかありません。

「ノムライズム」はこれからも自分の心の中で生き続けることは間違いなく、道に迷った時、岐路に立たされた時、野村監督が言われた言葉を思い出し、もう一度、あの時のように騙されてみたいと思います。

今まで本当にありがとうございました。

合掌

２０２０年　３月

川崎憲次郎

川崎憲次郎（かわさきけんじろう）profile

1971年1月8日、大分県佐伯市生まれ。

'88年、大分県立津久見高等学校からドラフト1位でヤクルトスワローズに入団。

プロ1年目に開幕ベンチ入りを果たし、24試合に登板して4勝4敗、
翌90年にはローテーション入りし、年間200イニングを超える働きでチームを支える。

'93年日本シリーズでは、MVPに。'98年には最多勝を獲得、
さらに同年、投手として最高の名誉である沢村賞を受賞。

2000年にフリーエージェント権を行使し、中日ドラゴンズに移籍した。

'04年10月に現役を引退。

千葉ロッテ、四国アイランドリーグplus・香川オリーブガイナーズのコーチも務めた。

現在はプロ野球解説者として活躍。また地方再生のプロデューサーとしても活動。

著書に『野村「ID」野球と落合「オレ流野球」』（KKロングセラーズ）がある。

進行
美山和也
久保木侑里

もう一度、ノムさんに騙されてみたい

2020年4月13日　第1刷発行

著者　川崎憲次郎
編集人・発行人　阿蘇品 蔵
発行所　株式会社青志社

〒107-0052　東京都港区赤坂5-5-9　赤坂スバルビル6階
（編集・営業）
TEL:03-5574-8511　FAX:03-5574-8512
http://www.seishisha.co.jp/

印刷　製本　中央精版印刷㈱
本文組版　株式会社キャップス

ISBN 978-4-86590-100-9 C0095